わんわんの芋づる式図解英単語

わんわん［著］

ソーテック社

はじめに

英語の勉強を始めたいけれど、

● 何から勉強を始めていいかわからない
● 暗記がとにかく苦手
● 試験の点数は悪くないのに英語を話すのが苦手

と悩んでいませんか？

ぼくが英語の勉強のやり直しを始めたのは20代後半で、学生時代に習った英単語や文法はすっかり忘れており、手当たり次第にいろいろな勉強をしてきました。

そこからコツコツと英語の力を伸ばして、最終的には海外で社内通訳の仕事や専門技術の翻訳もこなせるようになりました。

英語ができるようになると、アプローチできる情報だけでなく、就職・転職先、住む場所の選択肢が増えます。ぼくの場合、海外での仕事に転職できて、年収も上がりました。

この本は英語が苦手だった著者が、「英語の勉強をやり直したい」と考えている人に向けて、自分自身が英語の勉強をしてきた中でとくに効果のあった**暗記術**についてまとめています。

暗記が苦手な人でも、図解により英単語を視覚化することで、関連づけて暗記することができます。また図解により整理された頻出英単語を使いこなすことで、一度に多くの英語表現をまとめて身につけることができます。

ぼく自身英語が苦手だったからこそ、**効率良く芋づる式に暗記ができる**この本を、英語に苦手意識を持つ人に読んでほしいです。

わんわん

CONTENTS

1章 語源編

1-1 英単語の頭につく語源 (接頭辞)

1-2 英単語の中心となる語源 (語根)

2章　前置詞・副詞編

3章 動詞編

≒は類義語、⇔は対義語、/ は or（または）を示します

なお市販の暗記用赤シートを使うと、本文内の赤字を見えにくくすることができます。そのときは黒字をヒントにしながら、当てはまる単語を想像してみてください

1章

語源編

試した中で一番効果のあった暗記方法は、英単語を「つくり」で整理し、関連づけて記憶する方法です。そのためには、パーツである語源の理解が必要です。語源で英単語のしくみをマスターすれば、芋づる式に覚えることができます。

「語源×イメージ×組み合わせ」で広がる英単語記憶法

　人の名前を覚えるとき、その人の特徴や印象もあわせて記憶しますよね。これは英単語を覚える際にも応用可能です。無機質なスペルの配列を覚えるよりも、単語を構成するパーツの意味やイメージと結びつけて覚えた方が、何倍も効率的に暗記することができます。

●英単語のつくり

　英単語の多くは、パーツごとに分解できます。

　パーツは全部で3種類あります。単語の先頭につく「接頭辞」、単語のコアとなる「語根」、単語の最後について品詞や機能の意味を与える「接尾辞」です。このそれぞれのパーツを「語源」と呼んでいます。

●語源を使って芋づる式に語彙を増やそう！

　まずは右ページで、代表的な接頭辞15個をイメージと一緒に確認しましょう。

　そして12ページから頻出の語根を1つずつ見開きで紹介します。右ページで覚えた接頭辞とかけ算をするように組み合わせて、英単語を整理していきましょう。各単語には派生語や類義語、対義語もあわせて掲載しています。

　最後に、接尾辞のリストで機能、品詞の変化を確認します（77〜87ページ参照）。

　そうすると、それぞれの語源とイメージをセットにして、整理しながら芋づる式に英単語を覚えることができます。

　「本当かな？」と思う方も、ペラペラとページをめくってみてください。きっと英単語の暗記が楽になるはずです。

●代表的な接頭辞15個のイメージ

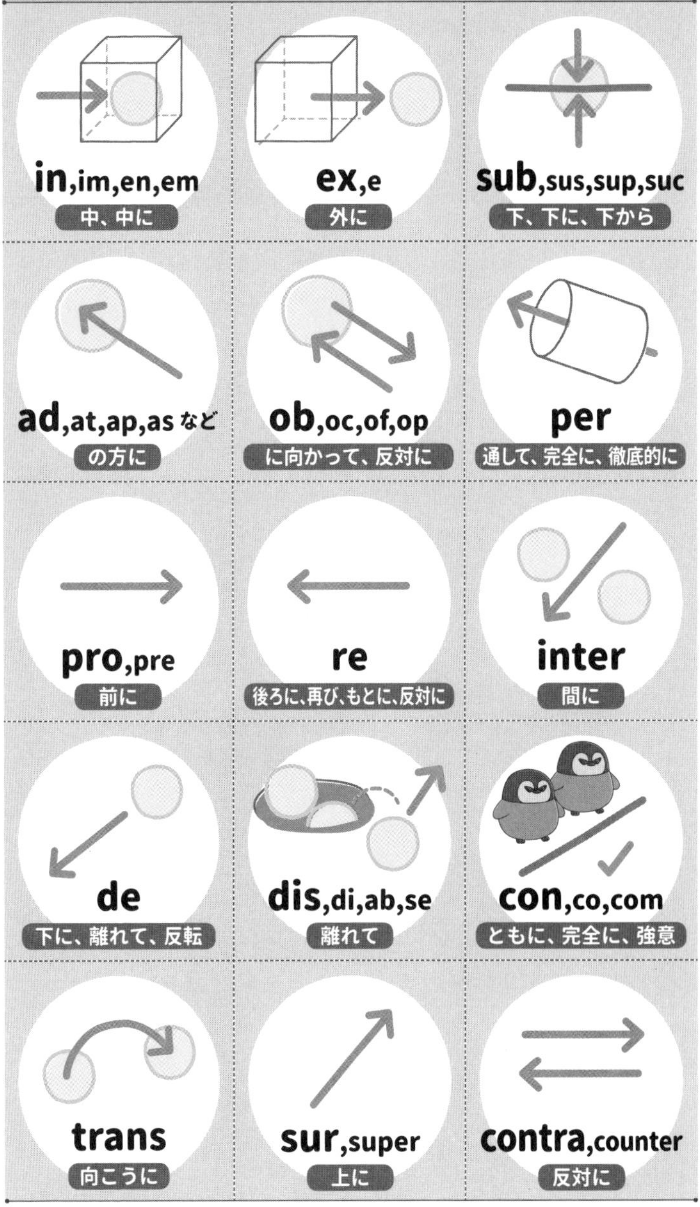

in,im,en,em
中、中に

ex,e
外に

sub,sus,sup,suc
下、下に、下から

ad,at,ap,as など
の方に

ob,oc,of,op
に向かって、反対に

per
通して、完全に、徹底的に

pro,pre
前に

re
後ろに、再び、もとに、反対に

inter
間に

de
下に、離れて、反転

dis,di,ab,se
離れて

con,co,com
ともに、完全に、強意

trans
向こうに

sur,super
上に

contra,counter
反対に

spect 🐾 見る

spectは動詞の「look at（を見る）」の意味を持つ語源です。
組み合わせる接頭辞次第で、どこを、どのように「見る」かが変わります。

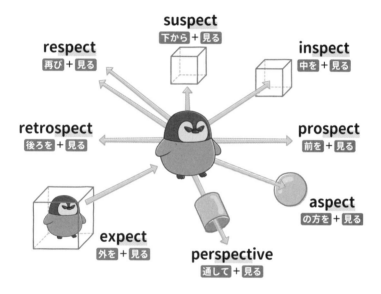

suspect
下から + 見る

respect
再び + 見る

inspect
中を + 見る

retrospect
後ろを + 見る

prospect
前を + 見る

expect
外を + 見る

aspect
の方を + 見る

perspective
通して + 見る

---

inspect [inspékt] **中を 見る** 他動 を検査する、視察する	The mechanic inspected the engine. 整備士はエンジンを点検した。 🐾 inspector 图 検査官 　　ひと、もの 🐾 inspection 图 調査、検査 　　名詞化
expect [ekspékt] **外を 見る** 他動 を期待する、予期する	My boss expects me to work on Saturdays. 上司は土曜日に私が働くことを期待している。 🐾 expectation 图 期待、予想 　　名詞化 🐾 expectable 形 期待できる 　　できる

suspect [图sʌ́spekt 動səspékt]
下から 見る

图容疑者
他動を疑う

I suspect my partner is cheating on me.
私はパートナーが浮気をしているのではないかと疑っている。

🐧 suspicious 形疑わしい
　　　　　　　を持った

---

aspect [ǽspekt]
の方を 見る

图様子、外観、側面

The internet affects every aspect of life.
インターネットは生活のあらゆる面に影響を与えている。

😀 日本語で縦横比を表す「アスペクト比」は、英語でaspect ratioといいます

---

perspective [pərspéktiv]
通して 見ること

图視点、見方、遠近法

From my perspective, he was wrong.
私から見れば、彼は間違っていた。

🐧 ≒point of view 視点、観点
🐧 ≒standpoint 图立場、見方

---

prospect [prá:spèkt]
前を 見る

图見込み、可能性

There is a good prospect that my grandfather will get well.
祖父が元気になる見込みは十分ある。

🐧 prospective 形予期される
　　　　　　傾向がある、性質を持つ
😀 iveは名詞化の働きをする場合もあります

---

retrospect [rétrəspèkt]
後ろを 見る

图回顧、回想

In retrospect, we were lucky.
振り返ってみると、私たちは運が良かった。

🐧 retrospective 形回顧の
　　　　　　傾向がある、性質を持つ
😀 日本語で使われる「レトロ」はretrospectiveの略語です

---

respect [rispékt]
再び 見る

他動を尊敬する 图尊敬、敬意

You should respect your elders.
年長者を敬うべきだ。

🐧 respectable 形尊敬すべき
　　　　　　できる
🐧 respectful 形敬意を表す、丁寧な
　　　　　　に満ちた
🐧 respective 形それぞれの
　　　　　　傾向がある、性質を持つ
😀 respectには「再び＋見る」→「(特定の) 点」という意味があり、respectiveの意味はその点に目を向けて「それぞれの、各自の」になります

dict, dicate 🐾 言う

dictは「say（言う）」、dicateは「proclaim（宣言する）」の意味を持つ語源。dictに接尾辞ateをつけると「dictate（口述して書きとらせる、命令する）」という動詞になります。

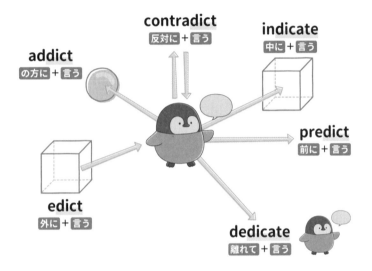

contradict
反対に + 言う

indicate
中に + 言う

addict
の方に + 言う

predict
前に + 言う

edict
外に + 言う

dedicate
離れて + 言う

---

edict [íːdikt] 外に **言う** 图布告、政令	The government issued an <u>edict</u> requiring people to stay home. 政府は国民に外出禁止令を出した。 🐾≒decree 图法令、布告
indicate [índikèit] 中に **言う**（宣言する）  他動 ということを示す	The data <u>indicates</u> that the economy is slowing. データは景気が減速していることを示している。 🐾indication 图しるし、兆候 　名詞化 🐾indicative 形示す、表す 　傾向がある、性質を持つ 🐾indicator 图測定器、メーター、指針 　ひと、もの

contradict [kɑ̀ntrədíkt]

反対に　言う

他動 と矛盾する

The minister contradicted himself in the interview.

大臣は会見で矛盾したことを言った。

* contradiction 图矛盾
  名詞化
* contradictory 圈矛盾する

---

addict [ədíkt]

の方に　言う

他動 の中毒になる 图中毒者

My father is addicted to drinking.

父はお酒におぼれている。

* addicted to 〜の中毒になっている
* addictive 圈中毒性の
  傾向がある、性質を持つ
* addiction 图中毒
  名詞化

---

predict [pridíkt]

前に　言う

他動 を予測する

This app predicts the weather.

このアプリは天気を予測する。

* prediction 图予言
  名詞化
* predictive 圈予言の
  傾向がある、性質を持つ
* unpredictable 圈予測できない
  否定　　　　　できる
* predictor 图予兆となるもの、預言者
  ひと、もの

---

dedicate [dédikit]

離れて　言う（宣言する）

他動 をささげる、献身する

I dedicate this song to my family.

私は家族にこの曲をささげる。

* dedication 图献身
  名詞化
* 「離れて、宣言し、神に献身する」が語源の一説

わんわんメモ

◎ ver（真実の）をdictに組み合わせて「verdict（評決）」になります。

　verは頻出語源ではありませんが、余裕があれば覚えておきましょう。

　・verify（fy 〜化する、87ページ参照：他動） 立証する

　・verification（tion 名詞化、81ページ参照：图） 立証

◎ dictに動詞化の接尾辞ate（〜する）をつけた「dictate（口述して書きとらせる、命令する）」にさらにor（ひと）がくっつくと、「dictator（独裁者）」になります。

scribe, script ● 書く

scribe, scriptは動詞の「write（書く）」の意味を持つ語源です。script単体では「台本」という意味の名詞になります。

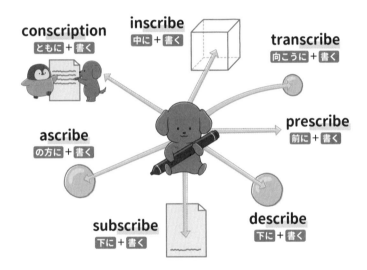

conscription
ともに + 書く

inscribe
中に + 書く

transcribe
向こうに + 書く

prescribe
前に + 書く

ascribe
の方に + 書く

describe
下に + 書く

subscribe
下に + 書く

---

inscribe [inskráib] 中に 書く 他動 を記す、刻み込む	<u>Inscribing</u> your name on the school walls is not a good idea. You will get caught. 学校の壁に自分の名前を落書きするのは良くないな。捕まるよ。 ● inscription 图記されたもの 名詞化
**transcribe** [trænskráib] 向こうに 書く 他動 を書き換える、書き写す	I hope you can <u>transcribe</u> this paragraph; it is important for us to preserve it. あなたがこの段落を書き写すことができるといいです。それを保存しておくことは私たちにとって大切です。 ● transcription 图書き換え、写し 名詞化

subscribe [səbskráib]

下に 書く

他動 に署名する
自動 （定期的なサービスに）申し込む

No, I would not want to subscribe to a daily e-mail from the supermarket. Thank you.

いいえ、そのスーパーから毎日届くメールを購読したいとは思わないです。ありがとうございます。

🐾 subscription 名 購入予約、定額制
名詞化

😊 「サブスク」はsubscriptionの略です

🐾 subscriber 名 定期購読者、加入者
ひと、もの

---

ascribe [əskráib]

の方に 書く

他動 （原因を〜）のせいにする

The doctor ascribed her symptoms to a flu.

医師は彼女の症状をインフルエンザとみなした。

🐾 ascribe A to B AをBのせいにする

---

conscription [kənskrípʃən]

ともに 書く こと

名 徴兵制、徴募

Having to visit my parents during Obon feels like conscription.

お盆に両親に会いに行かなくてはならないなんて徴兵のような気がする。

🐾 conscript 他動 を徴兵する 形 徴兵された

---

prescribe [priskráib]

前に（前もって）書く

他動 自動 （を）処方する、指示する

The doctor prescribed him a daily dose of Panadol to relieve his headache.

医師は彼の頭痛を緩和するためにパナドールを毎日服用するよう処方した。

🐾 prescription 名 規定、処方箋
名詞化

---

describe [diskráib]

下に 書く

他動 （言葉、文章で）を述べる、説明する

Please describe the events that unfolded yesterday for us, Madam Sweeney.

昨日のできごとを私たちに教えてください、スウィーニー夫人。

🐾 description 名 記述すること、説明
名詞化

わんわんメモ

◎ manuは「手」という意味の語源で、manuscriptは手で書かれた「原稿、手書きのもの」という意味です。

◎ circumは「まわりの」という意味の語源で、circumscribeは「の周囲に境界線を引く」という意味になります。

sist 🐾 立つ

sistは動詞の「stand（立つ）」の意味を持つ語源です。stもsistの仲間で、stable は「st（立つ）＋able（できる）」で「安定した」という意味の形容詞になります。

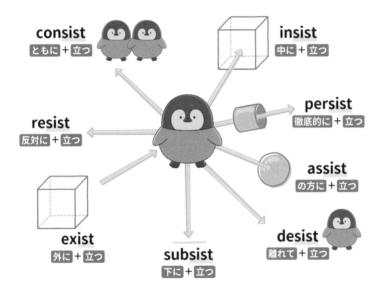

consist
ともに ＋ 立つ

insist
中に ＋ 立つ

persist
徹底的に ＋ 立つ

resist
反対に ＋ 立つ

assist
の方に ＋ 立つ

exist
外に ＋ 立つ

desist
離れて ＋ 立つ

subsist
下に ＋ 立つ

---

insist [insíst] 中に 立つ 他動 自動 (を) 主張する、求める	A: This is my treat. You paid last time. B: If you insist. A: これは私のおごり。前回払ってくれたね。 B: どうしてもと言うなら。 🐾 insistence 图 主張 　　名詞化
exist [igzíst] 外に 立つ 自動 存在する、生存する	Does God exist? 神は実在するのか？ 🐾 existence 图 存在 　　名詞化 🐾 existent 形 実在する、現存する 　　ひと、もの／形容詞化

subsist [səbsíst]
下に 立つ

自動 存在する、生計を立てる

Most of the islanders subsist on fishing.
ほとんどの島民は漁業で生計を立てている。

🐾 subsistence 图 必要最低限の生活、生存
　　　　　　　　名詞化

assist [əsíst]
の方に 立つ

他動 自動 (を) 手伝う 图 助力

Robots assisted COVID-19 patients in Italy.
ロボットはイタリアの COVID-19 の患者を手助けした。

🐾 assistance 图 援助、手伝い
　　　　　　　名詞化
🐾 assistant 图 力を貸す人、アシスタント
　ひと、もの / 形容詞化

consist [kənsíst]
ともに 立つ

自動 (〜から) 成る、成り立つ

My son's class consists of 40 students.
息子のクラスは 40 人の生徒から成っている。

🐾 consistency 图 一貫性
　　　　　　　性質、状態

persist [pərsíst]
徹底的 に立つ

自動 言い張る

She persisted in her opinion.
彼女は自分の意見に固執した。

🐾 persistency 图 固執、こだわり
　　　　　　　性質、状態
🐾 persistent 厖 存続し続ける、持続する
　ひと、もの / 形容詞化
💡 ent, ant はひとを表すほか、形容詞化の働きをする接尾辞の場合もあります (78ページ参照)

desist [dizíst]
離れて 立つ

自動 やめる、断念する

The lawyer sent a cease and desist letter to the company.
弁護士はその会社に (違法行為の) 停止通告書を送った。

🐾 cease and desist letter (違法行為の) 停止
　　　　　　　　　　　　　　　　通告書

resist [rizíst]
反対に 立つ

他動 に抵抗する

I can't resist chocolate.
私はチョコレートに目がない。

🐾 resistance 图 抵抗、妨害
　　　　　　　名詞化
🐾 resister 图 抵抗する人
　ひと、もの

わんわんメモ

「sist (立つ)」が語源なので、必然的に動詞も自動詞が多いですね。

ceed, cede, cess 🐾 行く、譲る

動詞の「go (行く)」「yield (譲る)」の意味を持つ語源です。難易度高めの英単語ですが、cedeは「譲る」を意味する動詞としても使えます。

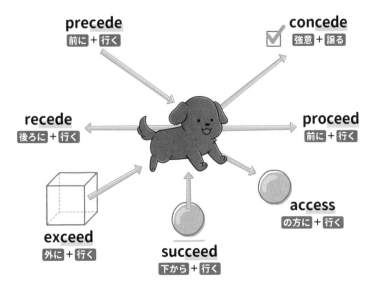

precede
前に + 行く

concede ☑
強意 + 譲る

recede
後ろに + 行く

proceed
前に + 行く

exceed
外に + 行く

succeed
下から + 行く

access
の方に + 行く

---

exceed [iksíːd] **外に 行く** 他動 を超える、上回る	Hinata <u>exceeded</u> his teammates' expectations after the training camp. 日向は合宿後、チームメイトの期待を超えた。 🐾 excess 图過度、超過分 🐾 excessive 形過度の 　　　　　　傾向がある、性質を持つ
concede [kənsíːd] **強意 譲る** 他動 (敗北) を認める 自動 敗北を認める、譲歩する	My friends are still debating since neither of them want to <u>concede</u> defeat. 私の友人たちはどちらも負けを認めたくないので、まだ議論している。 🐾 concession 图譲歩 　　　　　名詞化

succeed [səksíːd]
下から 行く

自動 成功する　他動 のあとを継ぐ

If you fail to <u>succeed</u> on your first try, then try and try again.

最初のトライで成功しなかった場合は、もう一度、またもう一度とトライしてみて。

* success 图達成、成功
* 😊 下から（上に）行くから「成功」
* successive 形連続する、次に続く
  傾向がある、性質を持つ

access [ǽkses]
の方に行く

图アクセス、近づく権利
他動 にアクセスする

Mr.Wasa forgot to give an <u>access</u> pass to the new employee.

ワサさんは新入社員にアクセスパスを渡すのを忘れていた。

* accessible 形到達できる、利用可能な
  できる

precede [prisíːd]
前に行く

他動 に先行する、の前に来る

Ritsuka let his girlfriend <u>precede</u> into the room.

リツカは恋人を先に部屋に通らせた。

* precedence 图先行、優位
  名詞化
* precedent 图前例、判例 形先行する
  ひと、もの / 形容詞化
* unprecedented 形前例のない
  否定　　過去形 / 形容詞化

proceed [動prəsíːd 图próusiːd]
前に 行く

自動 始める、進む

Let's pick up where we left off yesterday and <u>proceed</u> to the next topic.

昨日終わったところから始めて、次の話題に進みましょう。

* process 图一連の行為、製造過程
* procedure 图手続き、手順、やり方
  名詞化

recede [risíːd]
後ろに 行く

自動 退く、弱まる

A senator was forced to <u>recede</u> from his position due to corruption.

議員は汚職で退陣を余儀なくされた。

* recession 图景気後退、後退
  名詞化

わんわんメモ

ceed, cede, cessといろいろな形がありますが、まとめて覚えておきましょう。

gress, grad 🐾 歩く

動詞の「walk, step（歩く）」の意味を持つ語源です。「grade（学年）」や「graduate（卒業生）」など、「歩み」に関連する単語にも多く使われています。

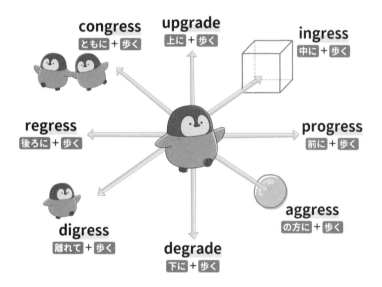

congress
ともに + 歩く

upgrade
上に + 歩く

ingress
中に + 歩く

regress
後ろに + 歩く

progress
前に + 歩く

aggress
の方に + 歩く

digress
離れて + 歩く

degrade
下に + 歩く

---

ingress [íngres] **中に 歩く**  图入ること、進入	The ingress of foreigners should be halted. 外国人の入国を止めるべきだ。 ☞ ingredient 图材料 　ひと、もの / 形容詞化
congress [kángrəs] **ともに 歩く** 图議会、会議	The congress is discussing the new legislation brought upon by the senator. 議会は議員が持ち込んだ新しい法案を議論している。 ☞ congressional 圈議会の 　名詞+al＝形容詞化

aggress [əgrés]
の方に 歩く

自動 攻撃を仕掛ける
他動 を攻撃する

I would appreciate it if you don't aggress that animal.
その動物を攻撃しないでくれたらありがたいです。

- aggression 名 武力侵攻、攻撃
  名詞化
- aggressive 形 攻撃的な、積極的な
  傾向がある、性質を持つ

---

digress [daigrés]
離れて 歩く

自動 本題からそれる、脱線する

We have digressed a lot from our first plan.
私たちは最初の計画からだいぶ脱線してしまった。

- digression 名 主題からずれること
  名詞化
- digressive 形 本題からそれた
  傾向がある、性質を持つ

---

degrade [digréid]
下に 歩く

他動 を下げる、低下させる
自動 下がる、低下する

Don't degrade yourself just for his sake.
彼のためだけに自分を卑下しないで。

- degradation 名 不名誉、左遷、低下
  名詞化

---

progress [動prougrés 名prágres]
前に 歩く

名 前進、進展 自動 進む、前進する
他動 を進ませる

We have made great progress with the project.
我々はこのプロジェクトで大きな進歩を遂げている。

- progression 名 進歩、前進
  名詞化
- progressive 形 前進する、進歩的な
  傾向がある、性質を持つ

---

regress [動rigrés 名rí:gres]
後ろに 歩く

自動 後戻りする、逆行する
名 逆行

We regressed from using computers to writing letters.
私たちはパソコンを使うことから、手紙を書くことへと回帰した。

- regression 名 後戻り
  名詞化
- regressive 形 後退の
  傾向がある、性質を持つ

---

upgrade [動ʌpgréid 名ʌpgrèid]
上に 歩く

名 アップグレード
他動 を高める、(等級)を上げる
自動 性能を高める

Haruki wanted to upgrade his guitar but didn't have the funds to do so.
春樹は彼のギターをグレードアップしたいと思っていたが、その資金がなかった。

- upgradable 形 アップグレードできる
  できる

vent, vene 🐾 来る

vent, veneは動詞の「come（来る）」の意味を持つ語源です。「来る」場所である「venue（会場）」という英単語も頻出です。

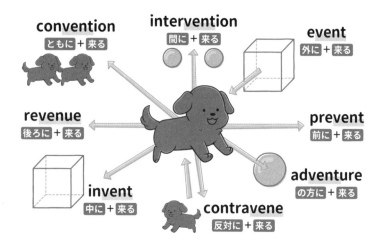

convention ともに + 来る

intervention 間に + 来る

event 外に + 来る

revenue 後ろに + 来る

prevent 前に + 来る

invent 中に + 来る

adventure の方に + 来る

contravene 反対に + 来る

---

invent [invént] **中に 来る** 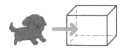 他動 を発明する、でっち上げる	I really wanted to <u>invent</u> a good excuse to leave the party. 私はパーティーを去る良い口実を本当に作りたかった。 🐾 invention 图発明、作りごと 　　　　　名詞化 🐾 inventor 图発明家 　　　　ひと、もの 🐾 inventory 图全ての物のリスト 😊 inventは古くは「を発見する」という意味も。つまりinventoryは文字通り、「見つかったもの」
event [ivént] **外に 来る** 图 できごと、イベント	There are many <u>events</u> being held during summer. 夏の間は多くのイベントが開催されている。

convention [kənvénʃən]
ともに 来る こと

图大会、(集団内の)慣習

Last week, I joined a furry convention; it was great fun!
先週、ケモナー（擬人化された動物キャラクターを愛好する人々）が集う大会に参加してきた。とても楽しかった！

---

adventure [ədvéntʃər]
の方に 来る こと

图冒険(心)

If you want an adventure, go to that man over there by the wooden wagon.
冒険がしたいなら、木製貨車のそばにいるあの人のところに行きなさい。

🐾 advent 图到来

---

intervention [ìntərvénʃən]
間に 来る こと

图介入、干渉

We need some intervention for this argument.
この議論には何らかの介入が必要だ。

🐾 intervene 自動 (2つの場所や物の間に)
　　　　　　　　介在する、干渉する

---

contravene [kàntrəvín]
反対に 来る

他動に違反する、と矛盾する

Mafuyu's actions contravene the rules of the school.
真冬の行動は、学校の規則に違反している。

😊 語源contraにはagainstの意味があります（132ページ参照）

---

prevent [privént]
前に 来る

他動 (〜が起きるの)を防ぐ

Alicia was trying to prevent her mom from spending too much on food.
アリシアは、母親が食費をかけすぎることがないように努めていた。

🐾 prevention 图防止、阻止
　　　　　　名詞化
🐾 preventive 图予防する、妨げる
　　　　　　傾向がある、性質を持つ

---

revenue [révənù:]
後ろに 来る

图歳入、収益

Tony Stark has a gross revenue of one-billion dollars.
トニー・スタークは10億ドルの総収入を得ている。

🚂 profit(利益) = revenue(収益) - expense(費用)

わんわんメモ
「avenue（大通り）」も一緒に覚えておきたいですね。

duce, duct 🐾 導く

duce, ductは動詞の「lead（導く）」の意味を持つ語源です。ductは「導管」という意味の名詞にもなります。

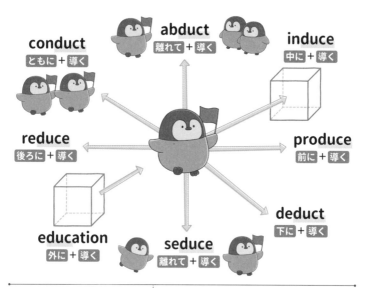

abduct
離れて + 導く

conduct
ともに + 導く

induce
中に + 導く

reduce
後ろに + 導く

produce
前に + 導く

deduct
下に + 導く

education
外に + 導く

seduce
離れて + 導く

induce [indúːs] 中に 導く  他動 を説得する、誘導する	Music can <u>induce</u> a meditative state to the listener. 音楽は聴き手を瞑想状態に誘導することができる。 👉 induction 图 就任、《電気》誘導 　　　　　名詞化 😊 introもinと同じで「中に」という意味。introduceは「中に」＋「導く」で「に紹介する」になります
education [èdʒukéiʃən] 外に 導くこと 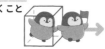 图 教育、知識	Don't let your hobbies get in the way of your education. 趣味が学業の邪魔にならないようにしなさい。 👉 educate 他動 （ある目的のために人）に教育 　　　　動詞化　　　　　　　　　　する

conduct [動 kəndʌ́kt 图 kándʌkt]
ともに 導く

[他動]を導く、案内する [图]行為、遂行
[自動](道などが〜に)通じる、指揮をする

That girl was charged with disorderly conduct for refusing to state her name.

その少女は自分の名前を言うことを拒否したために、治安を乱す行為で告発された。

- conductor [图]車掌、指揮者、伝導体
  ひと、もの
- semiconductor [图]半導体
  半分　　ひと、もの

---

abduct [æbdʌ́kt]
離れて 導く

[他動]を誘拐する

If someone tries to abduct you, shout and run away.

誰かに拉致されそうになったら大声で叫んで逃げなさい。

- abduction [图]誘拐
  名詞化

---

deduct [didʌ́kt]
下に 導く

[他動]を差し引く、控除する

If you don't take this job seriously, I'm going to deduct 10% from your monthly salary.

この仕事を真面目にやらないと、月給から10%天引きすることになります。

- deduction [图]差し引くこと、控除
  名詞化

---

produce [prədús]
前に 導く

[他動]を作り出す、生み出す
[自動]生み出す、産出する
[图]農作物、製品

The company wants everyone to produce a result.

会社としては、全員に結果を出してほしいと思っている。

- production [图]産出、製造
  名詞化
- reproduction [图]複製すること、模写作品
  再び　　名詞化
- producer [图]製作者、生産者
  ひと、もの

---

reduce [ridú:s]
後ろに 導く

[他動]を少なくする、下げる
[自動]減る、下がる

I expect that prices will reduce by next week.
来週までに値下がりすると予想している。

- reduction [图]減少
  名詞化
- reducer [图]軽減する人、もの
  ひと、もの

---

seduce [sidú:s]
離れて 導く

[他動]を誘惑する

Are you really trying to seduce me?
本当に私を誘惑しようとしているの？

- 😀 seもdis、abと同じで「離れて」という意味があります
- ≒attract [他動]を魅了する [自動]ひきつける

27

cept, ceive 🐾 取る

動詞の「take（取る）」の意味を持つ語源です。「transceiver（トランシーバー）」、「receiver（レシーバー）」など、おなじみの単語にも含まれています。

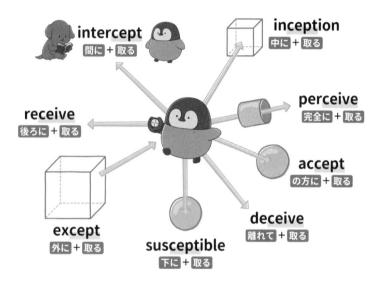

intercept
間に + 取る

inception
中に + 取る

receive
後ろに + 取る

perceive
完全に + 取る

accept
の方に + 取る

deceive
離れて + 取る

except
外に + 取る

susceptible
下に + 取る

except [iksépt] 外に 取る 他動 を除外する 前を除いて	Everyone <u>except</u> Tom came to the party. トム以外は全員パーティーに来た。 🐾 exception 图除外すること 　　　　　　名詞化 🐾 exceptional 厖例外的な 　　　　　　名詞+al=形容詞化
inception [insépʃən] 中に 取る こと 图始まり、開始	She has been on the committee since its inception two years ago. 彼女は2年前の発足時から委員会に参加している。 🐾 incept 他動 を取り入れる

susceptible [səséptəbl]
下に 取る できる
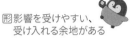

形影響を受けやすい、
受け入れる余地がある

I am susceptible to colds.
私は風邪をひきやすい。

☙ susceptibility 图影響を受けやすいこと
　　　　　　　　名詞化

accept [æksépt]
の方に 取る

他動を受け入れる、引き受ける

Accept yourself for who you are.
ありのままの自分を受け入れよう。

☙ acceptance 图受諾、受け入れ
　　　　　　名詞化
☙ acceptable 形受け入れることができる
　　　　　　　　できる

intercept [動ìntərsépt 图íntərsèpt]
間に 取る

他動を途中で
　　捕まえる
图妨害、阻止

Tom tried to intercept a pass from John.
ジョンからのパスをトムがインターセプトしようとした。

☙ interception 图横取り
　　　　　　　名詞化
😊 インターセプトとはパスの途中でボールを奪うことです

perceive [pərsíːv]
完全に 取る

他動に気づく、だとわかる

I perceived you entering my room.
私はあなたが部屋に入ってくるのがわかった。

☙ perception 图知覚
　　　　　　名詞化

deceive [disíːv]
離れて 取る

他動を欺く、だます 自動人を欺く

You are being deceived by your partner.
あなたはパートナーにだまされている。

☙ deceiver 图詐欺師
　　　　　ひと、もの
☙ ≒cheat 他動をだます 自動不正を働く

receive [risíːv]
後ろに 取る

他動を受け取る、受ける
自動受け取る

My brother receives special education services.
私の弟は特別支援教育を受けている。

☙ receiver 图受取人、受話器
　　　　　ひと、もの
☙ receipt 图領収書、受け取ること

わんわんメモ🖊

susceptibleの (a) bleは「できる」という意味の接尾辞です。

接尾辞は77ページから紹介します。

ject 🐾 投げる

「throw(投げる)」の意味を持つ語源。adjectiveを分解すると「ad(に向かって) + ject(投げる)」。対象物(名詞)に向かって投げるものが「形容詞」と理解できます。

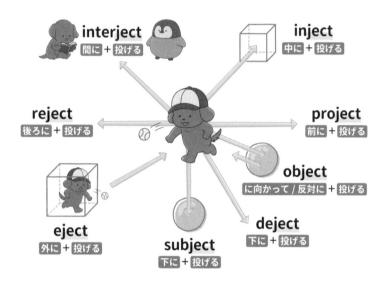

interject
間に + 投げる

inject
中に + 投げる

reject
後ろに + 投げる

project
前に + 投げる

object
に向かって / 反対に + 投げる

eject
外に + 投げる

subject
下に + 投げる

deject
下に + 投げる

---

inject [indʒékt]
中に 投げる

他動 を注射する、入れる

The doctor <u>injected</u> a vaccine under the skin.
医者は皮下にワクチンを注射した。

🐾 injector 图 注射器、注入器
　　　　ひと、もの
🐾 injection 图 注射、噴射
　　　　名詞化

---

eject [idʒékt]
外に 投げる

他動 を外に出す 自動 脱出する

The pilot was <u>ejected</u> from the plane before it was crashed.
パイロットは墜落前に飛行機から脱出した。

🐾 ejection 图 排出、放出
　　　　名詞化

---

subject [動səbdʒékt 名sʌ́bdʒikt]
下に 投げる

他動 を服従させる 名主題、対象者

Read these tips on how to write great e-mail subject lines.
素晴らしいメールの件名の書き方についてのヒントを読んでください。

☙ subjective 形主観の
　傾向がある、性質を持つ

object [動əbdʒékt 名ábdʒikt]
に向かって / 反対に 投げる

他動 自動 (に) 反対する
名物体、目標

My parents objected to our marriage.
両親は私たちの結婚に反対した。

☙ objective 形目的の 名目標
　傾向がある、性質を持つ
☙ objection 名反対すること
　名詞化

interject [intərdʒékt]
間に 投げる

他動 (言葉) を差しはさむ
自動 言葉を差しはさむ

May I interject one thing?
一つ口をはさんでもいいですか？

☙ interjection 名突然差しはさむ言葉
　名詞化
😊 間に投げるから「口をはさむ」。わかりやすいですね

project [動proudʒékt 名prádʒekt]
前に 投げる

他動 を投影する 名計画

We need to carry out this project.
私たちはこのプロジェクトを実行しなければならない。

☙ projector 名投影機
　ひと、もの
☙ projection 名投影、予測
　名詞化

deject [didʒékt]
下に 投げる

他動 を落胆させる

The fans were dejected when their team lost the final game.
ファンたちはチームが決勝で負けたとき、落ち込んだ。

☙ dejection 名落胆
　名詞化

reject [動ridʒékt 名rídʒekt]
後ろに 投げる

他動 を拒絶する 名不合格品

My ex-girlfriend rejected my follow request on Instagram.
元カノがインスタグラムでの私のフォローリクエストを拒否した。

☙ rejection 名拒絶、却下
　名詞化

mit ＊ 送る

「send（送る）」の意味を持つ語源です。messやmissも同じ意味の語源で、「message（メッセージ）」や「missile（ミサイル）」などにも含まれています。

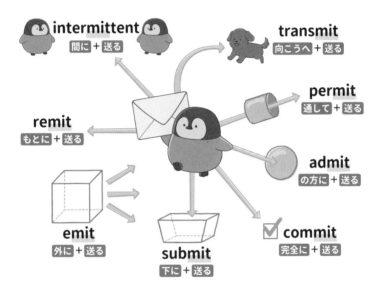

intermittent 間に ＋ 送る

transmit 向こうへ ＋ 送る

permit 通して ＋ 送る

remit もとに ＋ 送る

admit の方に ＋ 送る

emit 外に ＋ 送る

submit 下に ＋ 送る

commit 完全に ＋ 送る

emit [imít] 外に 送る 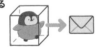 他動 (光など)を放つ、(音)を出す	Digital devices emit a lot of blue light. デジタル機器はブルーライトを多く放出する。 ＊emission 图放出、排出 　名詞化 ＊emitter 图《電気》エミッター、排出するもの 　ひと、もの
transmit [trænsmít] 向こうに 送る 他動 を送る、伝達する 自動 伝わる	Nerve cells transmit messages around our bodies. 神経細胞は私たちの体中にメッセージを伝達する。 ＊transmission 图送信、伝達 　名詞化

submit [səbmít]
下に 送る

他動 を提出する、服従させる
自動 服従する

I have to submit the paper to my teacher today.
今日私は先生にレポートを提出しなければならない。

- submission 图降伏、服従
  名詞化
- submissive 圈服従的な、従順な
  傾向がある、性質を持つ

admit [ədmít]
の方に 送る

他動 を認める
自動 入ることを許す、認める

I hate to admit it but it's true.
認めたくないけど、それは本当です。

- admission 图入学（許可）、入ること
  名詞化
- admissible 圈許容できる
  できる

commit [kəmít]
完全に 送る

他動 (罪) を犯す、委ねる
自動 約束する

There is no evidence he committed a crime.
彼が犯罪をした証拠はない。

- commission 图委託、任務、権限
  名詞化
- uncommitted 圈中立の、どちら側にもくみしない
  否定　過去形 / 形容詞化
- commitment 图傾倒、専念
  名詞化

permit [動pərmít 图pə́:rmit]
通して 送る

他動 を許可する 图許可(証)

I'm going to buy a parking permit tomorrow.
明日私は駐車許可証を買うつもりだ。

- permission 图許可
  名詞化
- permissive 圈許された
  傾向がある、性質を持つ

intermittent [intərmítənt]
間に 送る 形容詞化

圈一時的に止まる、断続的な

The weatherman predicted intermittent rain for tomorrow.
天気予報によると明日は断続的な雨だ。

- intermit 他動を一時中断する
  自動一時的に止まる
- intermission 图休止、中断
  名詞化

remit [rimít]
もとに 送る

他動 (お金) を送る、付託する、軽減する
自動 弱まる

I remitted him the money last week.
先週私は彼に送金した。

- remittance 图送金
  名詞化
- 「(あるべき) もとのところへ送る」と覚えるとイメージと結びつきます

tend 🐾 伸ばす

動詞の「stretch (伸ばす)」という意味を持つ語源です。tend単体では「する傾向にある、しがちである」という意味の動詞になります。

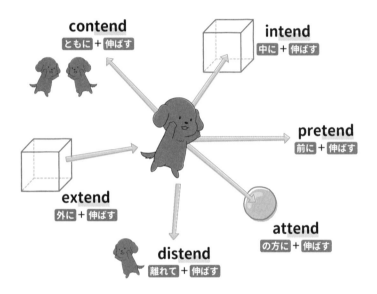

contend
ともに + 伸ばす

intend
中に + 伸ばす

pretend
前に + 伸ばす

extend
外に + 伸ばす

attend
の方に + 伸ばす

distend
離れて + 伸ばす

---

extend [iksténd] 外に 伸ばす 他動 を伸ばす、延長する	My professor agreed to extend the deadline. 私の教授は期限を延長することに同意した。 🐾 extension 图拡張、延長 　　　名詞化 🐾 extensive 形広大な、広い 　　　傾向がある、性質を持つ
intend [inténd] 中に 伸ばす 他動 するつもりである、を意味する	No harm intended. 危害を加えるつもりはない。 🐾 intention 图意図があること、目的 　　　名詞化 🐾 intentionally 副わざと、故意に 　　　形容詞+ly=副詞化

contend [kənténd]
ともに 伸ばす

自動 競う
他動 を強く主張する

She had to contend with difficulties.
彼女は困難と戦わなければならなかった。

🐾 contender 图 競争者
　　　ひと、もの
🐾 contention 图 争い、競争
　　　　名詞化

attend [əténd]
の方に 伸ばす

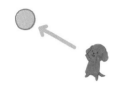

他動 に出席する、伴う
自動 出席する

You do not have to attend the meeting.
あなたはその会議に出席する必要はない。

🐾 attendance 图 出席
　　　　名詞化
🐾 attention 图 注目
　　　名詞化
🐾 attendee 图 出席者
　　　　する人
😊 eeで「する人」として使われることがあります

🐾 attendant 图 案内係、係員 圏 付随する
　　　ひと、もの / 形容詞化
🐾 attentive 圏 用心深い、注意している
　　傾向がある、性質を持つ

distend [disténd]
離れて 伸ばす

他動 を膨らませる、広げる
自動 膨らむ、広がる

The doctors distended my abdomen.
医者たちは私の腹部を膨らませた。

🐾 distention 图 膨張
　　　　名詞化
🐾 distended 圏 膨らんだ
　　　過去形 / 形容詞化

pretend [priténd]
前に 伸ばす

他動 のふりをする 自動 取り繕う

She pretended to be dead when she met a bear.
彼女は熊に会ったとき、死んだふりをした。

🐾 pretension 图 自負、見せかけ
　　　　名詞化
🐾 pretender 图 ふりをする人、偽善者
　　　　ひと、もの
😊 pretendは例文のようにpretend toの形で使われることが多いです

わんわんメモ

◎ pretendは、信じてもらうために前に伸ばして主張する、だから「のふりをする」というのが語源の一説。

◎ 「tendency（傾向）」のencyは性質、状態を表します。

mov, mot 🐾 動かす

movは「move（動かす）」の意味を持つ語源です。「automobile（自動車）」は、「自身（auto）＋動かす（mob）＋できる（ble）」に分解できます。

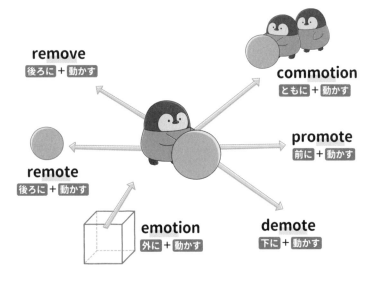

remove
後ろに ＋ 動かす

commotion
ともに ＋ 動かす

promote
前に ＋ 動かす

remote
後ろに ＋ 動かす

emotion
外に ＋ 動かす

demote
下に ＋ 動かす

---

emotion [imóuʃən] 外に 動かす 他動 (感情) を表出させる 名感情	People should not let <u>emotions</u> control who they are. 人は感情に自分を支配されるべきではない。 🐾 emotional 形感情の 　　名詞＋al＝形容詞化
commotion [kəmóuʃən] ともに 動かす  名騒動、混乱	I wonder what the <u>commotion</u> there was about; I heard someone got hurt. 何の騒ぎなのだろう、誰かが怪我をしたって聞いたよ。 🐾 ≒disturbance 名混乱させること、騒乱

demote [dimóut]
下に 動かす

他動 を降格させる 名 降格

I might <u>demote</u> you from your current position.

私はあなたを現職から降格させるかもしれない。

- 🐧 demotion 名 左遷
  名詞化

promote [prəmóut]
前に 動かす

他動 を促進させる、昇進させる

This medicine can help <u>promote</u> a healthier lifestyle within a few weeks.

この薬は、数週間でより健康的な生活を促進してくれる。

- 🐧 promotion 名 促進、昇進
  名詞化
- 🐧 promotive 形 助長する、販売促進の
  傾向がある、性質を持つ
- 🐧 promoter 名 主催者、促進者
  ひと、もの

remove [rimúːv]
後ろに 動かす

他動 を取り除く
自動 移動する、取れる 名 移動

Do not <u>remove</u> the statue. It is very valuable and expensive.

その像を撤去してはいけない。とても貴重で高価なものだ。

- 🐧 removal 名 除去
  動詞+al=名詞化
- 🐧 removable 形 取り消し可能な
  できる

remote [rimóut]
後ろに 動かす

形 遠い、遠く離れた

We doubt Osamu lives on a <u>remote</u> island.

治が遠く離れた離島に住んでいるとは私たちは思わないけどな。

- 😊 英語では過去形＝時間軸における「距離」という感覚があり、remoteの「遠い」という意味へ繋がります

わんわんメモ

動きを表すmob, motをまとめて覚えておきましょう。

- motion（tion：名）動き
- mobilize（ize：動）を動員する
- mobile（ableできる：形）動ける
- motivate（ate：動）を動かす
- motivation（tion：名）意欲

press 押す

pressだけでも「押す」という意味の動詞として使えます。
名詞化の機能を持つ接尾辞ureをつけると「pressure（圧力）」になります。

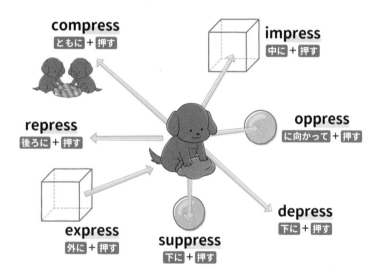

compress
ともに + 押す

impress
中に + 押す

repress
後ろに + 押す

oppress
に向かって + 押す

express
外に + 押す

suppress
下に + 押す

depress
下に + 押す

---

impress [imprés]
中に 押す

他動 に強い影響を与える、
良い印象を与える
自動 好印象を与える

I am so impressed with your kindness.
私は皆さんの優しさにとても感激しています。

🐾 impressive 形 印象的な
　　傾向がある、性質を持つ
🐾 impression 名 感想、気持ち
　　名詞化
🐾 impressed 形 感動して
　　過去形 / 形容詞化

---

express [iksprés]
外に 押す

他動 を述べる、表す、表現する
形 急行の 名 急行

I want to express myself better in English.
私は英語でもっと上手に自己表現したい。

🐾 expressive 形 表現の
　　傾向がある、性質を持つ
🐾 expression 名 言い回し、表情
　　名詞化

suppress [səprés]
下に 押す

他動 を鎮圧する、抑制する、やめさせる

You should not suppress your anger.
怒りを抑え込んではいけない。

- suppression 图 鎮圧、抑制
  名詞化
- suppressor 图 抑制する人、サプレッサー
  ひと、もの
- suppressive 形 抑える、抑圧する
  傾向がある、性質を持つ

---

oppress [əprés]
に向かって 押す

他動 をしいたげる、圧迫する

The dictator oppresses the people.
独裁者は国民を弾圧する。

- oppressive 形 圧政的な
  傾向がある、性質を持つ
- oppression 图 圧迫
  名詞化

---

compress [kəmprés]
ともに 押す

他動 を押しつける、固めて〜にする
自動 縮む

Underwater divers breathe compressed air.
水中のダイバーは圧縮空気を呼吸する。

- compression 图 圧縮すること
  名詞化
- compressor 图 コンプレッサー
  ひと、もの
- compressed 形 圧縮された
  過去形 / 形容詞化

---

repress [riprés]
後ろに 押す

他動 を抑え込む、制止する

I repressed a sneeze.
私はくしゃみをこらえた。

- repression 图 抑圧、抑止
  名詞化
- repressive 形 弾圧的な、抑圧的な
  傾向がある、性質を持つ

---

depress [diprés]
下に 押す

他動 を押し下げる、低下させる

Come on, don't be so depressed.
おいおい、そんなに落ち込むなよ。

- depression 图 押し下げること、不況
  名詞化
- depressive 形 押し下げる、憂鬱な
  傾向がある、性質を持つ
- depressed 形 押し下げられた、意気消沈した
  過去形 / 形容詞化

わんわんメモ

同じ「press（押す）」が語源なので、圧迫したり（oppress）、制止したり（repress）と意味の似た単語があります。整理して覚えておきましょう。

tract 🐾 引く

tractは動詞の「draw（引く）」という意味を持つ語源です。日本語でも使われている「tractor（トラクター）」は「tract（引く）＋or（ひと、もの）」に分解できます。

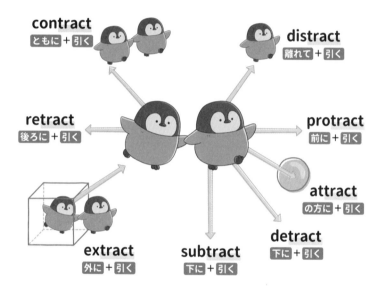

contract
ともに ＋ 引く

distract
離れて ＋ 引く

retract
後ろに ＋ 引く

protract
前に ＋ 引く

attract
の方に ＋ 引く

detract
下に ＋ 引く

extract
外に ＋ 引く

subtract
下に ＋ 引く

---

extract [動ikstrǽkt 名ékstrækt]
外に 引く

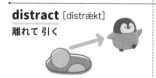

他動 を抽出する、抜き出す 名 抜粋

A lemon squeezer is a tool used to extract juice from citrus fruits.
レモン絞り器は、柑橘系のフルーツから果汁を抽出する道具だ。

🐾 extractive 形 抽出の
　　傾向がある、性質を持つ

---

distract [distrǽkt]
離れて 引く

他動 の気を散らす

My child gets easily distracted.
うちの子は気が散りやすいです。

🐾 distraction 名 気を散らすこと、注意散漫
　　名詞化
🐾 distractive 形 気を散らす
　　傾向がある、性質を持つ

subtract [səbtrǽkt]
下に 引く

他動 を差し引く
自動 引き算する

If you subtract 5 from 8, you get 3.
8 から 5 を引くと、3 になる。

- ❧ subtraction 图 引くこと、引き算
  名詞化
- 😀 英語で足し算はaddition、掛け算は
  multiplication、割り算はdivisionといいます

---

attract [ətrǽkt]
の方に 引く

自動 ひきつける
他動 を引く、魅了する

Sugar attracts ants.
砂糖はアリを引き寄せる。

- ❧ attraction 图 ひきつけること
  名詞化
- ❧ attractive 形 魅力的な
  傾向がある、性質を持つ

---

contract [動kəntrǽkt 图kántrækt]
ともに 引く

他動 を契約する
图 契約、契約書

Many employees do not have written contracts.
多くの従業員が契約書を持っていない。

- ❧ contractor 图 請負業者
  ひと、もの
- ❧ subcontractor 图 下請け業者
  下の

---

protract [proutrǽkt]
前に 引く

他動 を延ばす、延長する

You are protracting the argument.
あなたは議論を長引かせているよ。

- ❧ protraction 图 延長
  名詞化
- ❧ ⇔retract 他動 を撤回する、引っ込める
  自動 撤回する、あと戻りする

---

detract [ditrǽkt]
下に 引く

自動 損なう、減じる
他動 を損なう、減らす

That doesn't detract from the fact that she was a genius.
そのことで彼女が天才であったという事実は少しも変わらない。

- ❧ detraction 图 減損
  名詞化
- 😀 似ているように見えるdistractionも、dis（離れて）＋traction（引くこと）＝「注意散漫」と分けて考えれば覚えやすいです
- ❧ detractive 形 （価値、名声などを）落とす
  傾向がある、性質を持つ

---

retract [ritrǽkt]
後ろに 引く

他動 を撤回する、引っ込める
自動 撤回する、後戻りする

The minister retracted the statements.
その大臣は発言を撤回した。

- ❧ retraction 图 取り消し、撤回
  名詞化
- ❧ ⇔protract 他動 を延ばす、延長する

pend, pense ぶらさがる、重さを量る

動詞の「hang（ぶらさがる）」「weigh（重さを量る）」の意味を持つ語源です。pendにing をつけると、ぶらさがっていることから連想できる「pending（未解決の）」になります。

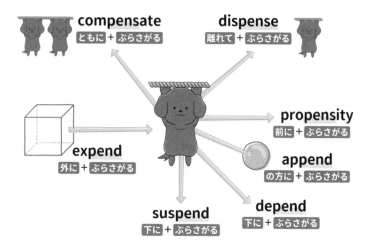

compensate ともに + ぶらさがる

dispense 離れて + ぶらさがる

expend 外に + ぶらさがる

propensity 前に + ぶらさがる

append の方に + ぶらさがる

suspend 下に + ぶらさがる

depend 下に + ぶらさがる

---

expend [ikspénd]
外に ぶらさがる

他動 を費やす、消費する

We already <u>expended</u> too much money on the project.
私たちはもうそのプロジェクトにお金を使いすぎてしまった。

- expense 名 費用、経費
- expenditure 名 支出
  名詞化
- expensive 形 高価な
  傾向がある、性質を持つ
- inexpensive 形 安価な
  否定

---

append [əpénd]
の方に ぶらさがる

他動 をつけ加える、付加する

The writer <u>appended</u> a glossary to his book.
作家は自分の本に用語集をつけ加えた。

- appendix 名 付属書、別表

suspend [səspénd]
下に ぶらさがる

他動 をつるす、一時的に止める

Many airlines suspended operations due to the pandemic.
パンデミックの影響で多くの航空会社が運航を停止した。

🐾 suspender 图 つるすもの
　　　　　　　 ひと、もの

depend [dipénd]
下に ぶらさがる

自動 (によって) 決まる、あてにする

A：Are you going hiking tomorrow?
B：It depends on the weather.
A：明日ハイキングに行く？
B：天気次第だね。

🐾 dependence 图 依存
　　　　　　 名詞化
🐾 dependent　形 依存症の、〜次第の
　ひと、もの / 形容詞化　图 依存している人、扶養家族
😊 entはひと、もの化、もしくは形容詞化させる接尾辞です (78ページ参照)
🐾 independence 图 独立
　　　　　　　 否定
🐾 independent 形 独立した
　　　　　　 否定

compensate [kámpənsèit]
ともに ぶらさがる にする

他動 に補償する、を相殺する
自動 釣り合いをとる

The government will compensate the victims for their loss.
政府は損失に対し被害者に補償する。

🐾 compensation 图 償い、保証金
　　　　　　　　 名詞化
😊 ateは「〜にする (動詞化)」という機能を持つ接尾辞です (87ページ参照)

propensity [prəpénsəti]
前に ぶらさがる こと

图 傾向

He has a propensity for violence.
彼は暴力をふるう傾向がある。

🐾 ≒tendency 图 性質、傾向
🐾 prepense 形 計画的な、故意の
😊 prepenseは単体ではほとんど見かけない単語ですが、「malice prepense (殺意、予謀)」という表現を洋書などで見かけるかもしれません

dispense [dispéns]
離れて ぶらさがる

他動 を施す、分配する

This vending machine dispenses bottled water.
この自販機でペットボトル入りの水を購入できる。

🐾 dispenser 图 自動販売機、飲料などを一定量
　　　　　　 ひと、もの　だけ取り出せる装置

vert, verse 🐾 向きを変える

動詞の「turn（向きを変える）」という意味を持つ語源です。「verse＋ion（名詞化の接尾辞）」で、日本語でもよく使われる「version（バージョン、型）」になります。

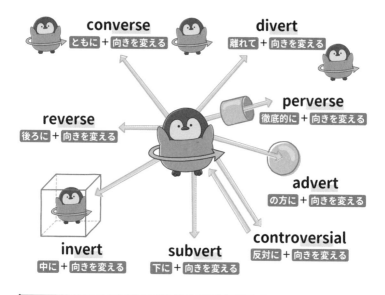

converse
ともに ＋ 向きを変える

divert
離れて ＋ 向きを変える

perverse
徹底的に ＋ 向きを変える

reverse
後ろに ＋ 向きを変える

advert
の方に ＋ 向きを変える

invert
中に ＋ 向きを変える

subvert
下に ＋ 向きを変える

controversial
反対に ＋ 向きを変える

---

invert [ínvəːrt]
中に 向きを変える

他動 を逆さにする、反対にする
自動 逆になる、転倒する、反転する

The inverted pyramid is a common structure for writing news stories.
逆ピラミッドはニュース記事を書くときによく使われる構成だ。

🐾 inverted 形 あべこべの
　　過去形 / 形容詞化

---

converse [動kənvə́rs 名kánvərs]
ともに 向きを変える

自動 会話をする
名 談話、逆 形 逆の

I conversed and played with his kids.
私は彼の子どもと会話したり遊んだりした。

💬 スニーカーブランドで知られる「CONVERSE」は英単語のconverseではなく、創設者の名前であるMarquis M Converseに由来します

---

subvert [səbvə́rt]
下に 向きを変える

他動 を転覆させる、破壊する

The activists are trying to subvert the government.
活動家たちは政府を倒そうとしている。

☙ subversion 名 転覆、破壊
　　　　　　名詞化

---

advert [動 ædvə́:rt 名 ǽdvə:rt]
の方に 向きを変える

自動 注意を向ける　名 広告

I'm calling to inquire about the job advert.
求人広告についてお聞きしたくて電話しています。

☙ advertise 他動 自動 (を) 広告、宣伝をする

😊 ise, izeは後ろについて動詞化する役割があり、また「〜化する」という意味を持つ場合があります (87ページ参照)

---

divert [dəvə́rt]
離れて 向きを変える

他動 をそらす、転換する

His joke diverted our attention.
彼のジョークで私たちの注意はそれてしまった。

☙ diverse 形 多様な、異なる

☙ diversity 名 多様性
　　　　　　名詞化

---

perverse [pərvə́:rs]
徹底的に 向きを変える

形 ひねくれた、頑固な

I felt that is a perverse idea.
私はそれはひねくれた考えだと感じた。

☙ pervert 他動 を踏み外す、悪用する

☙ perversity 名 つむじ曲がり、強情
　　　　　　名詞化

---

reverse [rivə́rs]
後ろに 向きを変える

自動 他動 (を) 逆転する、反転する
名 反対、逆　形 後ろ向きの

I put the car in reverse.
車のギアを【R】リバース（車をバックさせるときに使用するギア）に入れた。

☙ reversal 名 逆転させること
　　　　　　名詞化

😊 allは後ろについて、名詞を形容詞に、動詞を名詞に変える役割を持ちます (80、85ページ参照)

---

controversial [kàntrəvə́rʃəl]
反対に 向きを変える 形容詞化

形 物議を醸している

Abortion is a controversial issue.
妊娠中絶は物議をかもす問題だ。

☙ controversy 名 論争

😊 controversialは名詞であるcontroversyにalがくっついているので、形容詞になります (85ページ参照)

port 🐾 運ぶ

portは動詞の「carry（運ぶ）」の意味を持つ語源です。後ろにableをつけると形容詞の「portable（ポータブルな、運搬できる）」になります。

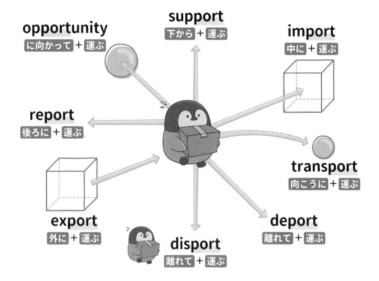

opportunity
に向かって + 運ぶ

support
下から + 運ぶ

import
中に + 運ぶ

report
後ろに + 運ぶ

transport
向こうに + 運ぶ

export
外に + 運ぶ

disport
離れて + 運ぶ

deport
離れて + 運ぶ

---

import [動impɔ́:rt 名ímpɔ:rt] 中に 運ぶ 他動 を輸入する、持ち込む 名 輸入	We import wine from France. 私たちはフランスからワインを輸入しています。 🐾 importer 名 輸入者 　　ひと、もの
export [動ikspɔ́:rt 名ékspɔ:rt] 外に 運ぶ 他動 を輸出する、運び去る 名 輸出	Japan exports cars to many countries. 日本は多くの国に車を輸出している。 🐾 exporter 名 輸出者 　　ひと、もの

support [səpɔ́rt]
下から 運ぶ

他動 を支える、支援する 名 支援

I <u>support</u> your idea.
私はあなたの考えを支持する。

- supportive 形 支える、支援してくれる
  傾向がある、性質を持つ
- supporter 名 支持物、サポーター
  ひと、もの

opportunity [àpərtjúnəti]
に向かって 運ぶ

名 有利な状況、好機

Grab the <u>opportunity</u>!
機会をつかめ！

- opportunist 名 日和見主義者
  主義者
- opportune 形 適切な、好都合の

disport [dispɔ́rt]
離れて 運ぶ

他動 を楽しませる

They <u>disported</u> themselves on the beach.
彼らはビーチで楽しんだ。

- 😊「(深刻な問題を遠くに) 運び去る」から「楽しませる」
- ≒amuse 他動 を楽しませる

transport [動 trænspɔ́:rt][名 trǽnspɔ:rt]
向こうに 運ぶ

他動 を輸送する

The goods were <u>transported</u> from the warehouse.
倉庫から商品が運ばれてきた。

- transportation 名 輸送
  名詞化
- transporter 名 運送人、運搬装置
  ひと、もの

deport [dipɔ́rt]
離れて 運ぶ

他動 を本国送還する、島流しにする

The president decided to <u>deport</u> the illegal aliens living in the country.
大統領は国内に住んでいる不法滞在者を強制送還することにした。

- deportation 名 強制送還
  名詞化

report [ripɔ́rt]
後ろに 運ぶ

他動 自動 (を)報告する 名 報告書

I <u>reported</u> the accident to the police.
警察に事故の報告をした。

- reporter 名 報告をする人、記者
  ひと、もの

わんわんメモ

portは単体でも「港」という名詞で使えます。

fer 🐾 運ぶ

ferは動詞の「carry（運ぶ）」「bring（持ってくる）」の意味を持つ語源です。
前ページの語源portとセットで覚えましょう。

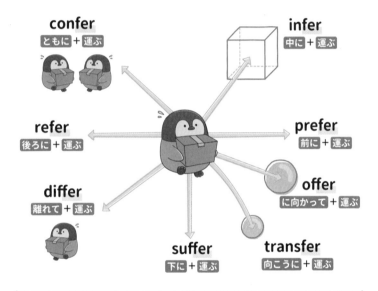

confer
ともに + 運ぶ

infer
中に + 運ぶ

refer
後ろに + 運ぶ

prefer
前に + 運ぶ

differ
離れて + 運ぶ

offer
に向かって + 運ぶ

suffer
下に + 運ぶ

transfer
向こうに + 運ぶ

---

infer [infə́r] 中に 運ぶ 他動 を推測する、察する	Manga readers are free to <u>infer</u> the words of the main character. マンガの読者たちは、主人公の言葉を自由に推し量ることができる。 🐾 inference 图推論 　　　　　　名詞化
transfer [動trænsfə́:r 图trǽnsfər] 向こうに 運ぶ 他動 を移す、転勤させる、転送する 自動 移動する、転勤する 图 移動、転勤	OMG! I forgot to <u>transfer</u> the files to our professor last night! I'm so dead. やばい！昨夜教授にファイルを転送するのを忘れていた！もうダメだわ。 🐾 transferable 形 移転可能な、譲渡可能な 　　　　　　　　　できる

suffer [sʌfər]
下に 運ぶ

他動 自動 (に) 苦しむ

Kageyama had to <u>suffer</u> his trauma alone.
影山はトラウマに一人で苦しまなければならなかった。

😊 ferは「bear (耐える)」の意味を持つ場合もあり、sufferは「下に＋耐える」が語源です

---

offer [ɔ́fər]
に向かって 運ぶ

他動 を申し出る、提供する
自動 申し出る 名 提案

I sometimes <u>offer</u> chocolates to my colleagues since I know they like them.
同僚らがチョコレートを好きだと知っているので、私はときどき彼らにチョコレートを差し入れする。

🍀 offeror 名 申込者
　　　ひと、もの
🍀 offeree 名 被申込者
　　　される人

---

confer [kənfər]
ともに 運ぶ

自動 話し合う

Mao wanted time to <u>confer</u> with her boyfriend about their problem.
まおは自分たちの問題について彼氏と相談する時間が欲しかった。

🍀 conference 名 会議
　　　名詞化

---

prefer [prifər]
前に 運ぶ

他動 を好む

Many young adults <u>prefer</u> black/bitter coffee over sweetened.
多くの若者は、甘いコーヒーよりもブラック / ビターコーヒーを好む。

🍀 preference 名 好み、優先傾向
　　　名詞化

---

differ [dífər]
離れて 運ぶ

自動 異なる、一致しない

Sometimes, our lifestyles and taste <u>differ</u> as we mature.
大人になると、ライフスタイルや好みが違ってくることがある。

🍀 difference 名 異なっていること、相違点
　　　名詞化
🍀 different 形 似ていない
　　　ひと、もの / 形容詞化

---

refer [rifər]
後ろに 運ぶ

他動 を差し向ける、参照させる
自動 言及する、参照する

Almost everyone I know <u>refers</u> to google if they have questions.
私が知っているほとんどの人は、疑問があれば google を参照する。

🍀 reference 名 言及、参照
　　　名詞化

pose, posit, pone 🐾 置く

pose, posit, poneは動詞の「put（置く）」の意味を持つ語源です。頻出のpostpone は「post（後ろに）＋pone（置く）」で、「延期する」という意味になります。

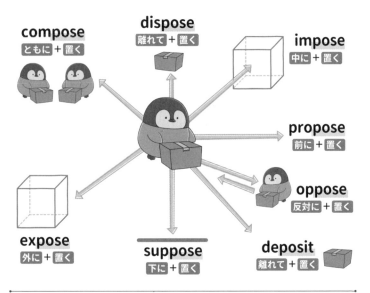

compose
ともに ＋ 置く

dispose
離れて ＋ 置く

impose
中に ＋ 置く

propose
前に ＋ 置く

oppose
反対に ＋ 置く

expose
外に ＋ 置く

suppose
下に ＋ 置く

deposit
離れて ＋ 置く

impose [impóuz] 中に 置く → 他動 （義務など）を課す、強いる	You shouldn't impose your opinion on others. 自分の意見を他人に押しつけるべきではありません。 ☙ impose A on B AをBに課す ☙ imposition 图強制 　　　　　　　名詞化
expose [èkspouzéi] 外に 置く 他動 をさらす、むき出しにする	Do not expose your skin too much under the sun. You will get a sunburn. 肌をあまり日光にさらさないで。日焼けしてしまう。 ☙ exposure 图さらされていること 　　　　　　名詞化

suppose [səpóuz]
下に 置く

他動 と仮定する、
だと思う

I suppose that they wanted to see the movie.
彼らはその映画が見たかったのでしょうね。

😀 議論の根拠として下に置くから「仮定する」
🐧 supposed 形 仮定された
　　過去形 / 形容詞化
🐧 supposedly 副 推定では 😀 形容詞+ly=副詞化

---

oppose [əpóuz]
反対に 置く

他動 に反対する、と争う

I heard that many Japanese oppose tax increases.
多くの日本人は増税に反対だと私は聞いた。

🐧 opposite 形 反対側の
🐧 opposition 图 反対、敵対
　　名詞化
🐧 opponent 图 対戦相手 形 敵対する
　　ひと、もの / 形容詞化

---

compose [kəmpóuz]
ともに 置く

他動 を構成する、組み立てる、
作曲する

Manami started composing using the piano at such a young age.
愛海はその若さでピアノを使って作曲を始めた。

🐧 composition 图 組み立て、構成
　　名詞化
🐧 composer 图 作曲家
　　ひと、もの
🐧 component 图 構成要素 形 構成する
　　ひと、もの / 形容詞化

---

propose [prəpóuz]
前に 置く

他動 を提案する
自動 プロポーズする

Shingo proposed to his girlfriend on their second anniversary.
晋吾は付き合い始めて2周年の記念日に彼女にプロポーズした。

🐧 proposal 图 提案書、提案 😀 動詞+al=名詞化

---

deposit [dipázit]
離れて 置く

他動 を預金する 图 預金、保証金

I forgot to deposit my money at the bank yesterday.
昨日私は銀行に預金するのを忘れていた。

🐧 deposition 图 退位、沈殿、預け入れ
　　名詞化

---

dispose [dispóuz]
離れて 置く

他動 を配置する 自動 処分する

Atsumu forgot to dispose of the evidence that he ate his twin's snack.
アツムは双子のおやつを食べた証拠を捨てるのを忘れていた。

🐧 disposition 图 気質、処分、配置
　　名詞化
🐧 disposal 图 処分、売却 😀 動詞+al=名詞化

😀 整理、配置して処分の場合はdisposition
　　取り除く、売却して処分の場合はdisposal

struct 🐾 建てる

動詞の「build（建てる）」「pile up（積み重ねる）」の意味を持つ語源です。名詞の機能を持つureを後ろにつけると、「structure（構造）」という意味の単語になります。

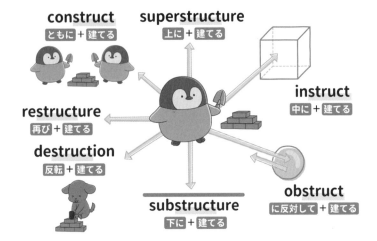

construct
ともに + 建てる

superstructure
上に + 建てる

instruct
中に + 建てる

restructure
再び + 建てる

destruction
反転 + 建てる

substructure
下に + 建てる

obstruct
に反対して + 建てる

---

instruct [instrʌ́kt] 中に 建てる  他動 に指示する、指導する	My university is looking for interns to assist and <u>instruct</u> the cooking lessons. 私の大学は、調理実習の補助と指導をしてくれるインターンを募集しています。 🐾 instruction 图指示、教育、使用説明書 　　　名詞化 🐾 instructor 图講師、インストラクター 　　　ひと、もの 🐾 instructive 形教育的な、有益な 　　　傾向がある、性質を持つ
construct [kənstrʌ́kt] ともに 建てる  他動 を建設する、組み立てる 图建築物	At school, they teach students how to <u>construct</u> logical arguments. 学校では、学生に論理的な議論の組み立て方を教える。 🐾 construction 图建設、建設物、建設業 　　　名詞化 🐾 constructor 图建設者、建設会社 　　　ひと、もの

substructure [sʌ́bstrʌ̀ktʃə]
下に 建てる

图基礎、土台

An earthquake can make the substructure of this building crack or collapse.
地震によって、この建物の下部構造に亀裂が入ったり、落下したりすることがある。

🐾 ≒base 图基礎、土台

obstruct [əbstrʌ́kt]
に向かって、反対して 建てる

他動 をふさぐ、妨害する

Obstructing police while on duty is an offense.
勤務中の警察を妨害するのは犯罪だ。

🐾 obstruction 图障害、邪魔
　　　　　　　　名詞化
🐾 obstructive 形妨害する、妨害的な
　　　　　　　傾向がある、性質を持つ

destruction [distrʌ́kʃən]
反転 建てる こと

图破壊すること

The war in the Middle East caused too much destruction to people's lives.
中東における戦争は、国民の生活を破壊しすぎた。

🐾 destroy 他動 を損なう、破壊する
🐾 destructive 形破壊的な、否定的な
　　　　　　　傾向がある、性質を持つ
😊 deは反転を表すこともあります

restructure [rìstrʌ́ktʃər]
再び 建てる

他動 自動 (を)再構築する

After that accident, Oikawa had to restructure his life.
その事故のあと、及川は人生を再構築しなければならなかった。

😊「リストラ」はrestructureにingをつけた「restructuring(图再構築)」の略語です

superstructure
上に 建てる [sú:pərstrʌ̀ktʃə]

图上部建造物、上部の構造

Society's superstructure includes the culture, ideology and identities that people inhabit.
社会の上部構造には、人々がすみかとする文化、イデオロギー、アイデンティティが含まれている。

😊 例文の「上部構造」は、マルクス主義の社会の土台の上に成るものを意味します

わんわんメモ

substructureやsuperstructureは、ほとんど見かけないマイナーな単語ですが、英単語のつくりをおさえておく上でわかりやすいので紹介しています。

53

rupt 🐾 破れる

ruptは動詞の「break（壊す）」「burst（破れる）」の意味を持つ語源です。名詞化の接尾辞ureを後ろにつけると、「rupture（破裂）」という意味の単語になります。

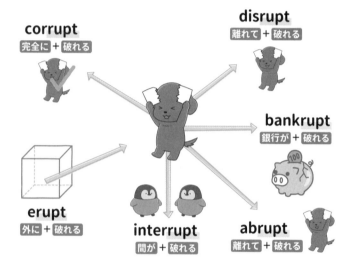

corrupt
完全に + 破れる

disrupt
離れて + 破れる

bankrupt
銀行が + 破れる

erupt
外に + 破れる

interrupt
間が + 破れる

abrupt
離れて + 破れる

---

erupt [irʌ́pt]
外に 破れる

自動 噴出する、噴火する、（感情が）爆発する

Mt. Mayon is an active volcano in the Philippines that can erupt at any given time.
マヨン山は噴火する可能性が常にあるフィリピンの活火山だ。

🐾 eruption 图 発生、爆発
　　名詞化
🐾 eruptive 圈 爆発性の
傾向がある、性質を持つ

---

corrupt [kərʌ́pt]
完全に 破れる

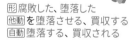

圈 腐敗した、堕落した
他動 を堕落させる、買収する
自動 堕落する、買収される

There are many corrupt government officials in any country.
どこの国にも腐った役人はたくさんいる。

🐾 corruption 图 汚職、腐敗
　　名詞化

abrupt [əbrʌ́pt]
離れて 破れる

形 突然の、まとまりのない

Mr. Smith made an <u>abrupt</u> leave without telling the office.
スミス氏は事務所に伝えることなく突然退社した。

● abruptly 副 突然（に）
　　形容詞+ly=副詞化
● ≒sudden 形 突然の

---

interrupt [動 ìntərʌ́pt 名 íntərʌ̀pt]
間が 破れる

他動 自動 (を) 中断する 名 中断

Milky didn't want to <u>interrupt</u> his teacher even though he had a question.
ミルキーは質問があっても先生の邪魔をしたくなかった。

● interruption 名 遮ること
　　　名詞化
● uninterrupted 形 途切れない
　　否定　過去形 / 形容詞化

---

disrupt [disrʌ́pt]
離れて 破れる

他動 (を) 中断させる、邪魔する

While traveling, Akihito got many work-related e-mails that <u>disrupted</u> his leisure time.
旅行中のアキヒトに、仕事のメールがたくさん届いて彼の余暇はつぶれた。

● disruption 名 途絶、分裂
　　　名詞化
● disruptive 形 破壊的な、分裂させる
　　傾向がある、性質を持つ

---

bankrupt [bǽŋkrʌ̀pt]
銀行が 破れる

名 破産者 形 破産した
他動 を破産させる

The company my friend made went <u>bankrupt</u> due to the pandemic.
友人が作った会社がパンデミックで倒産した。

● bankruptcy 名 破産、倒産

● go bankrupt 倒産する

わんわんメモ

◎ abもdisと同じ「離れる」という意味の語源です。abruptは離れて破れてしまったことにより、繋がっていた道が「突然」途絶えてしまうから「突然の」を意味すると覚えておきましょう。

◎「route（道、ルート）」も実はruptと同じ語源です。（いつも通る）ルートが、力によって開かれたような獣道をイメージしてみてください。

ply, ploy 🐾 折る

ply, ployは動詞の「fold（折る）」の意味を持つ語源です。
pli, pleも同じ意味の語根なので、余裕があれば覚えておきましょう。

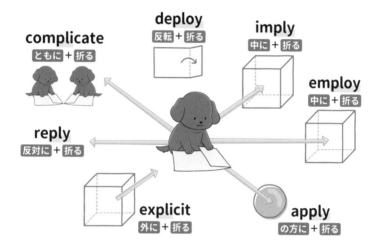

deploy
反転 + 折る

complicate
ともに + 折る

imply
中に + 折る

employ
中に + 折る

reply
反対に + 折る

explicit
外に + 折る

apply
の方に + 折る

imply [implái] 中に 折る 他動 をほのめかす、意味を含む	It was implied that she didn't like him. 彼女が彼のことを好きではないということが 暗示されていた。 🐾 implication 图言外の意味、暗示 　　　　　　　　名詞化
employ [emplói] 中に 折る 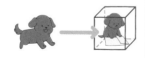 他動 を雇う、採用する	I would like to employ you in our company. 私はあなたを弊社で採用したいと思っています。 🐾 employment 图雇用 　　　　　　名詞化 🐾 employee 图従業員 　　　　　される人 🐾 employer 图雇用主 　　　　　する人 🐾 unemployment 图失業 　　否定

explicit [iksplísit]
外に 折る

形 はっきりと述べられた、率直な

Mr. Suzuki's instructions for the essay were explicit.
鈴木さんの小論文の指示は明確だった。

≒clear 形 きれいな、はっきりした

complicate [kámpləkèit]
ともに 折る

他動 を複雑にする 形 複雑な

Our boss does not wish to complicate matters.
私たちの上司は物事を複雑にしたくない。

complication 图 複雑にすること
名詞化
complicated 形 複雑な
過去形 / 形容詞化

apply [əplái]
の方に 折る

他動 を適用する、利用する
自動 申請する、適用される

She applied for citizenship in the country, but her request has been denied.
彼女はその国で市民権を申請したが、彼女の申請は却下されてしまった。

application 图 申し込み、申請
名詞化
applicable 形 適用できる
できる
applicant 图 応募者
ひと、もの / 形容詞化
appliance 图 電化製品 目的に合わせて折られたもの
名詞化

deploy [diplói]
反転 折る

他動 (軍隊など)を配備する
自動 配置につく、分散する

American soldiers are continuously deployed in Iraq.
イラクでは米兵が継続的に配備されています。

deployment 图 配置、展開
名詞化

reply [riplái]
反対に 折る

自動 返事をする 图 返事

You may email them now, but expect a reply within ten days.
今すぐメールしてもいいですが、返信は 10 日以内だと思ってください。

わんわんメモ

数字を表す接頭辞として、du(2)、tri(3)、multi(複数) があります。duplicateは2つに折り重ねることから「複写物、を複製する」、tripleは3つに折り重ねることから「3個で構成される、3倍の」、multipleは「多数の、多重」という意味にそれぞれなります。

ply, ple 🐾 満たす

ply, pleは「fill（いっぱいに満たす）」という意味です。「折る」と「満たす」の語源はつづりが同じplyなので、混乱しないように分類しておきましょう。

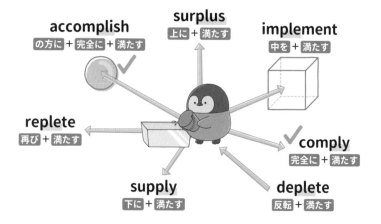

accomplish
の方に + 完全に + 満たす

surplus
上に + 満たす

implement
中を + 満たす

replete
再び + 満たす

comply
完全に + 満たす

supply
下に + 満たす

deplete
反転 + 満たす

---

comply [kəmplái]
完全に 満たす

自動 (命令などに)従う、応じる

Our company expects you to <u>comply</u> with our orders, otherwise you can be dismissed.
当社はあなたが社の命令に従うことを期待しています、さもなければ解雇もあり得ます。

● compliant 形 従順な、準拠した
　　ひと、もの / 形容詞化
● compliance 名 順守、コンプライアンス

＜完全に満たす＞
● complete 形 完全な　　● completely 副 完全に
　　　　　　　　　　　　　　　　形容詞+ly=副詞化
● completion 名 完了
● incomplete 形 不完全な
　　否定

＜完全に満たすための何か＞
● complement 名 補足、補充
　　　　　　　　名詞
● complementary 形 補充する
● compliment 名 賛辞、誉め言葉
● complimentary 形 お世辞を言う、挨拶の

implement [ímpləmènt]
中を 満たす

名道具 他動を実行する、実装する

They implemented an update to the software.
彼らはそのソフトウェアのアップデートを実装した。

😊 必要を満たすもの→道具、必要を満たす→実行・実装する、と整理すると覚えやすいです

---

supply [səplái]
下に 満たす

名供給(量) 他動を供給する

I wonder if the store can supply the demand the fans want.
その店はファンが望む需要を供給できるのかな。

🌱 supplement 名補足、付録
　　　　　　　名詞化
🌱 supplementary 形付け加える、補足する
🌱 supplier 名供給元、サプライヤー
　　　　　　ひと、もの

---

deplete [diplít]
反転 満たす

他動を激減させる、使い果たす
自動激減する

We should conserve our supplies; they might deplete one day.
物資を節約すべきだ。いつか枯渇してしまうかもしれない。

🌱 depletion 名減少、枯渇
　　　　　　名詞化
🌱 depletive 形減少させる
傾向がある、性質を持つ

---

replete [riplíːt]
再び 満たす

形十分に備わった、おなかいっぱいの

The books in the library are replete with amazing stories.
図書館にある本は、驚くような話が満載だ。

🌱 repletion 名充満、充実
　　　　　　名詞化

---

accomplish [əkámpliʃ]
の方に 完全に 満たす

他動を成し遂げる、勝ち取る

We must accomplish this mission, or we may never be able to return home.
この使命を果たさなければ、私たちは二度と家に帰れないかもしれません。

🌱 accomplishment 名偉業、成果
　　　　　　　　名詞化
🌱 accomplished 形成就した、完了した
過去形 / 形容詞化

---

surplus [sárplʌs]
上に 満たす

名余り、黒字 形過剰の
他動を余剰だとみなす

The warehouse has a surplus of unwanted products.
倉庫に過剰な不用品がある。

😊 surplusのplusは語源のpleから派生したもので、sur（上）+plus（もっと）で、「余り、黒字」という意味

lude 🐾 演じる

ludeは動詞の「play（演じる）」の意味を持つ語源です。「illusion（錯覚）」、「delusion（妄想）」などの単語にもこの語源が含まれています。

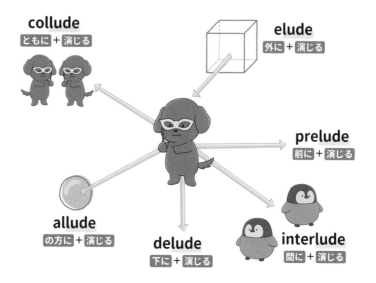

collude
ともに ＋ 演じる

elude
外に ＋ 演じる

prelude
前に ＋ 演じる

allude
の方に ＋ 演じる

delude
下に ＋ 演じる

interlude
間に ＋ 演じる

---

elude [ilúːd] 外に 演じる 他動 (巧妙に) を避ける	Criminals <u>elude</u> the police on a day-to-day basis. 犯罪者は日常的に警察を避ける。 🐾 elusion 名回避 　　名詞化 🐾 elusive 形うまく逃げる、見つけにくい 　傾向がある、性質を持つ
prelude [préljuːd] 前に 演じる  名前触れ、前奏曲	The <u>prelude</u> to the opera is about to begin. オペラの前奏曲が始まろうとしている。 🐾 prelusive 形前置きの、序幕の 　傾向がある、性質を持つ

collude [kəlúːd]
ともに 演じる

自動 共謀する

The former government <u>colluded</u> with Russia.
旧政府はロシアと結託した。

- collusion 名 示し合わせて行うこと、共謀
  名詞化
- collusive 形 共謀した
  傾向がある、性質を持つ

---

delude [dilúːd]
下に 演じる

他動 を信じ込ませる、だます

Don't <u>delude</u> yourself. You are not as good as you think you are.
思い違いをしてはいけません。あなたは自分が思っているほど優秀ではない。

- delusion 名 欺くこと、妄想
  名詞化
- delusive 形 人を惑わせる
  傾向がある、性質を持つ
- deluded 形 欺かれた
  過去形／形容詞化

---

interlude [íntərlùːd]
間に 演じる

名 間奏曲、合間

I think this piece's <u>interlude</u> is just wonderful.
この作品の間奏曲がただただ素晴らしいと思う。

- ≒interval 名 隔たり、間隔、合間

---

allude [əlúːd]
の方に 演じる

自動 それとなく言う

I don't like how you guys <u>allude</u> to building a wall without the citizen's approval.
私は、あなた方が市民の承認なしに壁を作ることをほのめかすやり方が気に入らない。

- allusion 名 言及すること
  名詞化
- allusive 形 暗示する
  傾向がある、性質を持つ
- ≒indicate 他動 ということを示す、暗示する

わんわんメモ

◎ postは「後ろに」という意味の語源で、postludeで「最終楽曲、後奏曲」という意味になります。

◎ i(n)は、たまに「〜の上に」の意味を持つことがあり、illusionで「錯覚、見間違い」という意味です。また、illusionに「〜する人」の意味のistをつなげると、illusionist（名 奇術師）になります。

◎ ousは「〜を持つ、〜で満ちた」という意味の語源で、ludicrousで「滑稽な、バカげた」という意味です。

lig, leg, lect 🐾 集める、選ぶ

「collect（集める）」「choose（選ぶ）」の意味を持つ語源です。「college（大学）」も「co（ともに）＋leg（集める）」と分解すると、単語の理解が深まります。

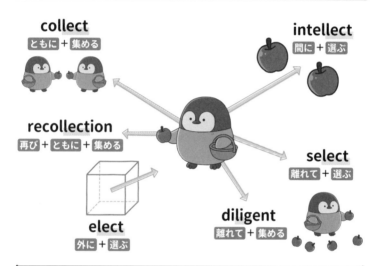

collect
ともに ＋ 集める

intellect
間に ＋ 選ぶ

recollection
再び ＋ ともに ＋ 集める

select
離れて ＋ 選ぶ

elect
外に ＋ 選ぶ

diligent
離れて ＋ 集める

elect [ilékt] 外に 選ぶ 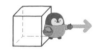 他動 を選ぶ、選出する	Who would you <u>elect</u> as our club president? あなたは誰を私たちのクラブ会長に選びますか？ 🐾 election 图選挙 　　　名詞化 🐾 elective 形選挙の 傾向がある、性質を持つ 🐾 eligible 形資格のある 　　　できる
collect [kəlékt] ともに 集める 他動 を集める 自動集まる	Don't forget to <u>collect</u> the newspapers out front. 玄関先にある新聞を回収するのを忘れないで。 🐾 collection 图集めること 　　　名詞化 🐾 collective 形共有する 傾向がある、性質を持つ 🐾 collector 图コレクター 　　　ひと、もの

intellect [íntəlèkt]
間に 選ぶ

图知性、思考力

You need to use your intellect if you are going to enter the Chess Club.

チェスクラブに入るつもりなら知力を使う必要があります。

* intellectual 圀知性の
  名詞+al＝形容詞化
* intelligence 图知性
  名詞化
* intelligent 圀知的能力を持った
  ひと、もの／形容詞化
* intelligible 圀わかりやすい
  できる

---

diligent [dílidʒənt]
離れて 集める

圀勤勉な、熱心な

Sarah is exceptionally diligent when it comes to reading history books.

サラは歴史の本を読むことになると並はずれて勤勉です。

😊 1つ1つ分けて選び集めるイメージを持つと、「勤勉な」とイメージできます

---

select [səlékt]
離れて 選ぶ

他動を選択する 自動選び出す

He was about to select a choice when it timed out.

タイムアウトになったとき、彼は選択しようとしていた。

* selection 图選ぶこと
  名詞化
* selective 圀選択的な
  傾向がある、性質を持つ

---

recollection [rèkəlékʃən]
再び 集める こと

图思い出すこと、想起

Our gramps periodically had recollections of the war.

私たちのおじいちゃんは定期的に戦争のことを思い出していた。

* recollect 他動を思い出す
* recollective 圀思い出の
  傾向がある、性質を持つ

わんわんメモ

◎ ableは「できる」という意味の語源で、legibleは「集める」＋「できる」で「判読可能な、読みやすい」、否定の接頭辞ilをくっつけると、illegibleで「読みにくい」という意味になります。

◎ neには否定の意味があり、選ばないことからneglectで「無視する、軽視する」、negligenceで「怠慢、過失」という意味です。

clude, close 🐾 閉じる

clude, closeは動詞の「shut, close（閉じる）」の意味を持つ語源です。
closeは動詞でもよく使われるので覚えやすいですね。

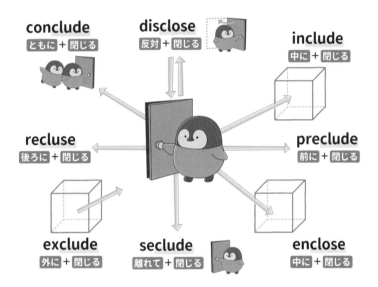

conclude
ともに ＋ 閉じる

disclose
反対 ＋ 閉じる

include
中に ＋ 閉じる

recluse
後ろに ＋ 閉じる

preclude
前に ＋ 閉じる

exclude
外に ＋ 閉じる

seclude
離れて ＋ 閉じる

enclose
中に ＋ 閉じる

---

include [inklúd] 中に 閉じる 他動 を含める、含有する	Iwaizumi would like to <u>include</u> his son in this program. 岩泉は息子をこのプログラムに入れたいと思っている。 🐾 inclusion 图 含めること 　　　　　　　名詞化 🐾 inclusive 形 含めた 　　　　　　傾向がある、性質を持つ
enclose [enklóuz] 中に 閉じる 他動 を囲む、同封する	The police have to <u>enclose</u> the criminal's hideout. 警察は犯罪者の隠れ家を取り囲まなければならない。 🐾 enclosure 图 囲い、同封（物） 　　　　　　　名詞化

exclude [iksklú:d]
外に 閉じる

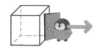

[他動]を排除する、除く

We must not be a society that likes to exclude minorities from social activities.

私たちは、少数派を社会活動から排除することを好む社会を作ってはならない。

- exclusion [名]排除
  名詞化
- exclusive [形]締め出す、排他的な
  傾向がある、性質を持つ

disclose [disklóuz]
反対 閉じる

[他動]を公開する、明らかにする

Yuuji refused to disclose where he got his information.

裕二は、情報の入手先を明かすことを拒否した。

- disclosure [名]公表
  名詞化
- disは否定や反対を意味する場合も（72ページ参照）

conclude [kənklú:d]
ともに 閉じる

[他動]と結論を出す、を結ぶ
[自動]結論を出す、（話が）終わる

I can conclude that our real target is the man residing in that shack over there.

私たちの本当の標的はあそこの小屋に住んでいる男だと私は断定できる。

- conclusion [名]結論
  名詞化
- conclusive [形]疑う余地のない
  傾向がある、性質を持つ

preclude [priklú:d]
前に 閉じる

[他動]（物事）を不可能にする、
締め出す

We must preclude the gang culture.

暴力団文化を排除しなければならない。

- ≒prevent [他動]を防ぐ、阻む

recluse [réklu:s]
後ろに 閉じる

[名]世捨て人 [形]隠とんした

Sugawara lives a recluse life; he is not one to socialize with others.

菅原はひきこもりの生活をしています。人付き合いをするような人ではありません。

- ≒solitary [形]連れがいない [名]世捨て人

seclude [siklú:d]
離れて 閉じる

[他動]を引きこもらせる、遮断する

She loves to seclude herself from everyone.

彼女は皆から距離を置くのが大好きだ。

- ≒isolate [他動]分離する、隔離する
- preclude, recluse, secludeは、実は使う頻度が低い単語です。ただ語源さえ知っておけば、このように未知の単語に出会った際に推測ができるので便利です

65

fect, fic, fact 🐾 作る、する

動詞の「make（作る）」「do（する）」の意味を持つ語源です。名詞のfactは「（誰かが）作ったこと、行ったこと」から、「事実」という意味になります。

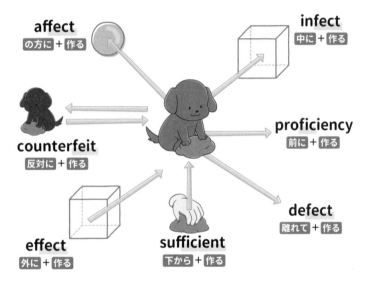

affect
の方に + 作る

infect
中に + 作る

counterfeit
反対に + 作る

proficiency
前に + 作る

effect
外に + 作る

sufficient
下から + 作る

defect
離れて + 作る

---

infect [ínfékt]
中に 作る

他動 に感染させる、影響を及ぼす

It's really important that we do not go out during the pandemic; we might infect others.
パンデミック中は外出しないことが非常に重要です。ほかの人に感染させるかもしれません。

---

effect [ifékt]
外に 作る

他動 を発効させる 名 効果、影響

The hurricane caused a devastating effect to our infrastructure.
そのハリケーンはインフラに壊滅的な影響を与えた。

🐾 effective 形 効果がある
傾向がある、性質を持つ
🐾 effectiveness 名 有効性
名詞化

sufficient [səfíʃənt]
下から 作る

形 十分な、満足な

The work you've done is sufficient.
あなたがやった仕事は十分だ。

- sufficiently 副 十分に
  形容詞+ly＝副詞化
- sufficiency 图 十分
  性質、状態

---

affect [əfékt]
の方に 作る

他動 に作用する、影響を与える、心を動かす

This pandemic is going to affect our economy.
このパンデミックは私たちの経済に影響を与えるだろう。

- affection 图 愛情、好意
  名詞化
- affective 形 感情の
  傾向がある、性質を持つ

---

defect [difékt]
離れて 作る

图 欠陥、不良

There's a defect in this machine.
この機械には欠陥がある。

- defective 形 正常に機能しない
  傾向がある、性質を持つ

---

counterfeit [káuntərfit]
反対に 作る

形 偽りの

He sold counterfeit goods.
彼は偽造品を売った。

- ≒fake 他動 自動 (を) 偽造する 形 偽の

---

proficiency [prəfíʃənsi]
前に 作る

图 上達、熟練

Shinsuke wanted to improve his proficiency in English.
信介は英語の習熟度を上げたかった。

- proficient 形 熟練した 图 達人
  ひと、もの / 形容詞化

わんわんメモ

◎ manuは「手」という意味の語源で、manufactureで「製造」になります。

◎ sacriは「神聖な」という意味の語源で、sacrificeで「犠牲、いけにえ」という意味になります。

◎ 関連する語をまとめて覚えておきましょう。

　・fact 图 事実　・factor (or ひと、もの：图) 要因

　・factory (ory 場所など：图) 工場　・fiction (tion：图) フィクション、創作

form 🐾 形作る

動詞の「form（形作る）」の意味を持つ語源です。form単体では「形」という意味の名詞になります。66ページのfect, fic, factとイメージが似ています。

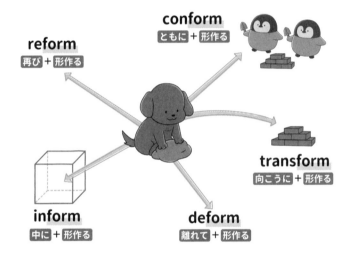

conform
ともに + 形作る

reform
再び + 形作る

transform
向こうに + 形作る

inform
中に + 形作る

deform
離れて + 形作る

---

inform [infórm] 中に 形作る 他動 自動 (に) 情報を与える	Mr. Keiji thinks it is better to <u>inform</u> everyone about the party. 京治さんは、パーティーのことは皆に知らせた方がいいと思っている。 🐾 information 图知識、情報 　　　　　　　名詞化 🐾 informative 形情報の 　　　　　　傾向がある、性質を持つ
transform [trænsfɔ́:rm] 向こうに 形作る  他動 を変える、転換・変換する 自動 変形・変換する	After the Industrial Revolution 4.0, the way technology works has finally transformed. 産業革命4.0を経て、技術がどう機能するかがようやく変わってきた。 🐾 transformer 图変圧器、トランス 　　　　　　　ひと、もの 🐾 transformation 图変化、変形 　　　　　　　　　名詞化

conform [kənfɔ́rm] **ともに 形作る**  自動 従う、守る 他動 を従わせる	We have to conform to the same ideal. 私たちは同じ理想に沿わなければならない。 🐾 conformation 图一致させること 　　　　　　　名詞化
deform [difɔ́rm] **離れて 形作る**  他動 を変形させる、の形を崩す	The buildings built by our ancestors are slowly beginning to deform and break apart. 私たちの祖先が築いた建物は、ゆっくりと変形し、バラバラになり始めている。 🐾 deformation 图変形、ゆがみ 　　　　　　名詞化
reform [rifɔ́rm] **再び 形作る**  图改革、修正 他動 を改革する	I think it is essential to reform the education system to enjoy school more. 学校をもっと楽しむために、教育制度の改革が必要だと思う。 🐾 reformer 图改良者 　　　　　ひと、もの

わんわんメモ🐾

◎ uniは「ひとつ」という意味の語源で、uniformで「制服」という意味です。

　57ページのわんわんメモを見直して、du (2), tri (3), multi (複数) と合わせて覚えておきましょう。

◎ platは「平らな」という意味の語源で、

　platformで「舞台、駅のプラットホーム」という意味になります。

◎「形作る」に関連する語をまとめて覚えておきましょう。

　・form 图形　・format 图型　・formation 图形成、構造

　・formal (图＋al：形) 堅苦しい、フォーマルな

　・formally (形容詞＋ly：副) 正式に

　・informal (in 否定、图＋al：形) 形式ばらない　・formula 图定型句、式

◎ なお、「perform ((人々を楽しませること) をする、行う)」にもformがついていますが、これは「furnish, provide (供給する)」という別の意味を持つ語源からきているので、このページには入れていません。

in, ir, il, im, un, dis, non 🐾否定

これらを先頭につけるだけで、英単語が否定や反対の意味に変化します。よく使われるので、覚えておくと便利です。

in	
incorrect [ìnkərékt] 形 不正確な	**in + correct** 形 正確な
informal [infɔ́rməl] 形 非公式の	**in + formal** 形 公式の
incapable [inkéipəbl] 形 能力がない	**in + capable** 形 能力がある
incredible [inkrédəbl] 形 信じられない	**in + credible** 形 信じられる
inaccurate [inǽkjərit] 形 不正確な	**in + accurate** 形 正確な
inadequate [inǽdəkwət] 形 不十分な	**in + adequate** 形 十分な
inconsistency [ìnkənsístənsi] 名 不一致	**in + consistency** 形 一致、一貫性

わんわんメモ
inには「中に」を意味する語源もあります（11ページ参照）。

ir, il, im

illegal [ilíːgəl] 形違法の | **il + legal**
形合法の、法律上の

illegible [ilédʒəbl] 形読みにくい | **il + legible**
形判読可能な

irregular [irégjələr] 形不規則な | **ir + regular**
形規則正しい、いつもの

immature [imətúr] 形未熟な | **im + mature**
形成熟した

irrelevant [iréləvənt] 形無関係の | **ir + relevant**
形関係のある

impossible [impásəbəl] 形不可能な | **im + possible**
形可能性のある

irresponsible [ìrispánsəbəl] 形責任のない | **ir + responsible**
形責任のある

un

unhappy [ʌnhǽpi] 形不幸な | **un + happy**
形幸福な

unknown [ʌnnóun] 形未知の | **un + known**
形知られている

unfriendly [ʌnfréndli] 形無愛想な | **un + friendly**
形優しい、友達のような

unfinished [ʌnfíniʃt] 形終わっていない | **un + finished**
形終えた

unavailable [ʌnəvéiləbl] 形利用できない | **un + available**
形利用できる

unreasonable [ʌnríːzənəbəl] 形不合理な | **un + reasonable**
形合理的な

unpredictable [ʌnpridíktəbl] 形予測できない | **un + predictable**
形予測可能な

dis

dislike [disláik] 他動 を嫌う	**dis + like** 他動 を好む
disclose [disklóuz] 他動 を公開する	**dis + close** 他・自動 (を) 閉じる
disagree [dìsəgríː] 自動 同意しない	**dis + agree** 自動 同意する
disappear [dìsəpíər] 自動 見えなくなる	**dis + appear** 自動 現れる
dishonest [disánist] 形 不誠実な	**dis + honest** 形 誠実な
disconnect [dìskənékt] 他動 との接続を切る	**dis + connect** 他動 を繋ぐ
disadvantage [dìsədvǽntidʒ] 名 不利なこと	**dis + advantage** 名 強み

※「pros and cons（メリットとデメリット）」も一緒に覚えておきましょう

> **わんわんメモ**
> disには「離れて」を意味する語源もあります (11ページ参照)。

non

nonstop [nánstáp] 形 直行の 名 直行便	**non + stop** 他動 をやめる 名 停止
nonsense [nánsens] 名 意味のわからない言葉	**non + sense** 名 意味、感覚
nonprofit [nànpráfət] 形 非営利の	**non + profit** 名 利益
nonfiction [nànfíkʃən] 名 形 ノンフィクション (の)	**non + fiction** 名 フィクション
nonsmoker [nànsmóukər] 名 煙草を吸わない人	**non + smoker** 名 喫煙家
nonflammable [nànflǽməbl] 形 不燃性の	**non + flammable** 形 可燃性の

1-3 まとめて覚える否定を表す接頭辞

語源編

mis 🐾 誤って

「誤って」を意味するmisもよく使われる接頭辞です。前ページの否定の接頭辞と
あわせて覚えておきましょう。

mis	
mistake [mistéik] 他・自動 (を)間違える 名ミス	**mis + take** 他・自動 (を) 取る
mislead [mislíd] 他動 を間違った方向に導く	**mis + lead** 他動 先導する
misspell [mìsspél] 他動 をスペルミスをする	**mis + spell** 他動 をつづる、 正しく書く
misconduct [miskándʌkt] 名不正行為	**mis + conduct** 名 行為 他動 を行う
misinterpret [mìsintə́:prit] 他動 を誤解する	**mis + interpret** 他動 を解釈する、 通訳する
mistranslation [mìstrænsléiʃən] 名 誤訳	**mis + translation** 名 翻訳
misunderstand [mìsʌ̀ndərstǽnd] 他・自動 (を) 誤解する	**mis + understand** 他・自動 (を) 理解する

73

fore, out, over, under, post
🐾 位置・方向

今までに紹介した接頭辞以外にも位置や方向を表す代表的な接頭辞がいくつかあります。頻出なものだけを紹介しているので、まとめて覚えておきましょう。

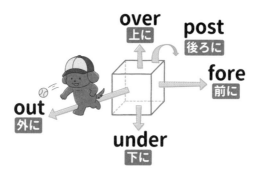

fore　前に	
foretell [fɔrtél] 他動 を予言する	**fore + tell** 他動 に言う
foresee [fɔrsíː] 他動 を予見する	**fore + see** 他動 を見る
forecast [fɔ́rkæst] 他動 を予想する、予報する（天気予報など） 自動 予見する 名 予想、予測	**fore + cast** 他・自動 (を) 投げる 名 投げること
foresight [fɔ́rsàit] 名 先見の明	**fore + sight** 名 視力、見ること
foreword [fɔ́ːwə̀ːd] 名 序文、前書き	**fore + word** 名 単語
forefront [fɔ́rfrʌ̀nt] 名 最前線	**fore + front** 名 前面
forefather [fɔ́rfɑ̀ðər] 名 祖先（主に男性の）	**fore + father** 名 父親

over　上に

overestimate [働òuvəréstəmeit 图óuvəréstəmeit] 他動 を過大評価する 图 過大評価	**over + estimate** 他動 を見積もる 图 見積もり
overwork [働òuvərwə́:rk 图óuvərwə̀:rk] 他動 を過度に働かせる 图 過労	**over + work** 自動 仕事する 图 仕事
overcrowd [òuvərkráud] 他動 を混雑させる 自動 混雑する	**over + crowd** 图 群衆 他動 に殺到する
overcome [òuvərkʌ́m] 他動 を乗り超える	**over + come** 自動 来る
overtake [òuvərtéik] 他動 を追いこす	**over + take** 他動 を取る
overreact [òuvərriǽkt] 自動 過剰反応する	**over + react** 自動 反応する
overflow [òuvərflóu] 他動 をあふれさせる 自動 あふれる 图 洪水	**over + flow** 自動 流れる 图 流れ

under　下に

underestimate [働ʌndəréstəmèit 图ʌndəréstəmət] 他・自動 (を) 低く見積もる 图 過少評価	**under + estimate** 他動 を見積もる 图 見積もり
underage [ʌndəréidʒ] 形 未成年の	**under + age** 图 年齢
undertake [ʌndərtéik] 他動 を引き受ける、に取りかかる	**under + take** 他動 を取る
underground [ʌ́ndərgràund] 形 地下の 副 地下で 图 地下	**under + ground** 图 地面
understand [ʌndərstǽnd] 他・自動 (を) 理解する	**under + stand** 自動 立つ 他動 を我 慢する、立たせる
undermine [ʌndərmáin] 他動 の下を掘る	**under + mine** 他動 を掘り出す、 採掘する
undergraduate [ʌndərgrǽdʒuət] 图 大学生	**under + graduate** 图 卒業生

out　外に

outcome [áutkλm] 图 結果、業績	**out + come** 自動 来る
outdoor [àutdɔ́r] 形 屋外の	**out + door** 图 ドア
outline [áutlàin] 图 輪郭、概要	**out + line** 图 線
output [áutpùt] 图 生産、出力	**out + put** 他動 を置く
outside [àutsáid] 图 外側	**out + side** 图 側
outbreak [áutbrèik] 图 勃発	**out + break** 他動 を壊す
outstanding [àutstǽndiŋ] 形 ずばぬけた	**out + standing** 形 立っている

わんわんメモ

outはoutnumber（他動 に数で勝る）やoutweigh（他動 より重い）のように「上回る」という意味を持つ場合もあります。

post　後ろに

postwar [póustwɔ̀r] 形 戦後の	**post + war** 图 戦争
postpone [poustpóun] 他動 をあとに延ばす	**post + pone** 「置く」を意味する語源 （50ページ参照）
postscript (P.S.) [póustskrìpt] 图 (手紙の) 追伸	**post + script** 他動 を書く 图 台本 「書く」を意味する語源 （16ページ参照）
postgraduate [pòus(t)grǽdʒuət] 形 大学卒業後の	**post + graduate** 图 卒業生 自動 卒業する
postoperative [pəustɔ́pərətiv] 形 術後の	**post + operative** 形 手術の、 作動している

名詞化する接尾辞

接尾辞は後ろについて英単語に機能を与えたり、品詞を変化させる役割があります。ここでは、英単語を名詞にする働きを持つ接尾辞についてまとめています。

er, or　する人、もの	
tester [téstər] 图試供品	**test + er** 图テスト
writer [ráitər] 图作家	**write + er** 他・自動 (を) 書く
visitor [vízətər] 图訪問者	**visit + or** 他動 を訪問する
governor [gávərnər] 图知事	**govern + or** 他動 を統治、管理する
creator [kriéitər] 图考案者	**create + or** 他動 を創造する
director [dəréktər] 图監督、重役	**direct + or** 他動 を運営する
translator [trænsléitər] 图翻訳者	**translate + or** 他動 を翻訳する

ant, ent　する人

assistant [əsístənt] 名アシスタント	**assist + ant** 他動 を手伝う
applicant [ǽplikənt] 名応募者	**apply + ant** 自動 応募する
immigrant [ímigrənt] 名移住者	**immigrate + ant** 自動 移住してくる
accountant [əkáuntənt] 名会計士	**account + ant** 自動 支出報告をする 　　説明する
opponent [əpóunənt] 名競争相手 形対立する	**op** ＋ **pose** ＋ **ent** 「反対に」を意 「置く」を意味する語源 味する接頭辞 (50ページ参照)
president [préz(i)dənt] 名大統領	**preside + ent** 自動 主宰する
resident [rézidənt] 名居住者 形居住している	**reside + ent** 自動 居住する

わんわんメモ

ant, ent が「する人」とはならず、「もの」を意味したり
形容詞化することもあります。

-ant, -ent　「する人」でない場合	
component [kəmpóunənt] 名構成要素 形構成する	**com**(ともに) ＋ **pose**(置く) ＋ **ent**(もの)
pendant [péndənt] 名ペンダント	**pend**(ぶらさがる) ＋ **ant**(もの)
fluent [flúːənt] 形流暢な	**flu**(流れる) ＋ **ent**(形容詞化)
independent [ìndipéndənt] 形独立した 名独立している人	**in**(否定) ＋ **depend**(左右される) ＋ **ent**(形容詞化)
distant [dístənt] 形遠い	**dis**(離れて) ＋ **st**(立つ) ＋ **ant**(形容詞化)
significant [signífikənt] 形重要な	**sign**(印) ＋ **fy**(〜する) ＋ **ant**(形容詞化)
current [kə́ːrənt] 形現在の、進行中の 名流れ	**cur**(走る) ＋ **ent**(形容詞化)

ee　される人

employee [emplóii] 名従業員	**employ + ee** 他動 を雇用する
interviewee [ìntərvjuːíː] 名面接を受ける人	**interview + ee** 他動 に面接する 名面接
committee [kəmíti] 名委員会	**commit + ee** 他動 を委ねる
trainee [treiníː] 名研修生	**train + ee** 他動 を訓練する

ist　する人、専門家、主義者

artist [άrtist] 名芸術家	**art + ist** 名芸術
dentist [déntəst] 名歯医者	**dent + ist** 「歯」を意味する語源
egoist [íːgouist] 名利己主義者	**ego + ist** 名自己、エゴ
tourist [túərist] 名観光旅行者	**tour + ist** 名小旅行

ship　～であること（状態など）

citizenship [sítizənʃip] 名市民としての身分	**citizen + ship** 名市民
leadership [líːdərʃip] 名指導者の地位、指導力	**leader + ship** 名リーダー
partnership [pártnərʃip] 名結びつき	**partner + ship** 名仲間
friendship [frén(d)ʃip] 名友情	**friend + ship** 名友達
hardship [hárdʃip] 名困難、苦難	**hard + ship** 形難しい、困難な

ics ～学

economics [èkənámiks] 图経済学	**economic + (ic)s** 形経済の
electronics [ìlektrǽniks] 图電子工学	**electronic + (ic)s** 形電子の
mathematics [mæ̀θəmǽtiks] 图数学	**mathematic + (ic)s** 形数学の
ethics [éθiks] 图倫理学	**ethic + (ic)s** 图倫理
statistics [stətístiks] 图統計学	**statistic + (ic)s** 图統計値
genetics [dʒənétiks] 图遺伝学	**genetic + (ic)s** 形遺伝の
dynamics [dainǽmiks] 图動力学	**dynamic + (ic)s** 形動力の

al　動詞を名詞に変化

disposal [dispóuzəl] 图処分	**dispose** 他動 を配置する 自動 処置する
proposal [prəpóuzəl] 图提案	**propose** 他動 を提案する
removal [rimúːvəl] 图除去	**remove** 他動 を取り除く 自動 移動する
approval [əprúːvəl] 图同意、承認	**approve** 他動 を承認する
refusal [rifjúːzəl] 图拒否	**refuse** 他動 を拒む

わんわんメモ

名詞の後ろにalがついた場合（85ページ参照）と比べてみましょう。

だいたい名詞になる接尾辞リスト

tion, sion	**formation** [fɔːrméiʃən] 图構成
	mission [míʃən] 图任務
ency, ancy	**consistency** [kənsístənsi] 图一貫性
	redundancy [ridʌ́ndənsi] 图余剰性
ence, ance	**reference** [réfərəns] 图参照
	resistance [rizístəns] 图抵抗
ness	**kindness** [káindnəs] 图やさしさ
ment	**advertisement** [ædvərtáizmənt] 图広告
ure	**departure** [dipáːrtʃər] 图出発
ty	**difficulty** [dífikʌ̀lti] 图困難
th	**width** [wídθ] 图幅
ent, ant	**president** [préz(i)dənt] 图大統領
	assistant [əsístənt] 图アシスタント
or, er	**visitor** [vízətər] 图訪問者
	tester [téstər] 图試供品
ee	**employee** [emplɔ́ii] 图従業員
ist	**artist** [áːrtist] 图芸術家
ship	**citizenship** [sítizənʃip] 图市民としての身分
ics	**economics** [èkənámiks] 图経済学
al (動詞＋**al**)	**disposal** [dispóuzəl] 图処分

形容詞化・副詞化する接尾辞

英単語を形容詞、副詞にする働きを持つ接尾辞についてまとめています。例として紹介している単語を見て、接尾辞の役割を確かめましょう。

ous　を持った、で満ちた	
industrious [indʌ́striəs] 形 勤勉な	**industry + ous** 名 産業、勤勉
suspicious [səspíʃəs] 形 疑わしい	**suspect + ous** 他動 を疑わしく思う
dangerous [déindʒərəs] 形 危険な	**danger + ous** 名 危険
numerous [njúmərəs] 形 たくさんの	**number + ous** 名 数
spacious [spéiʃəs] 形 広々とした	**space + ous** 名 場所
continuous [kəntínjuəs] 形 途切れない	**continue + ous** 自動 続く 他動 を続ける
monotonous [mənátənəs] 形 単調な	**monotone + ous** 名 単調さ
humorous [hjúːmərəs] 形 ユーモアのある	**humor + ous** 名 ユーモア

ive　傾向がある、性質を持つ

prospective [prəspéktiv] 形 将来の、予想される	**prospect ＋ ive** 名 見通し、見込み
respective [rispéktiv] 形 それぞれの	**respect ＋ ive** 他動 を尊敬する 名 点
subjective [səbdʒéktiv] 形 主観の	**subject ＋ ive** 名 主題、主語
objective [əbdʒéktiv] 形 客観的な 名 目的	**object ＋ ive** 名 物、客観
distractive [distræktiv] 形 気を散らす	**distract ＋ ive** 他動 の気を散らす

わんわんメモ

だいたい形容詞ですが、まれに名詞のケースもあります。
- perspective [pərspéktiv] 名 視点、見方
- adjective [ædʒiktiv] 名 形容詞
- objective [əbdʒéktiv] 名 目的 形 客観的な

able　できる

suitable [sútəbəl] 形 ふさわしい	**suit ＋ able** 他動 に合う
available [əvéiləbl] 形 利用できる	**a(d) ＋ vail ＋ able** 「の方に」を 意味する語源　「価値がある」を 意味する語源
wearable [wérəbəl] 形 身につけられる	**wear ＋ able** 他動 を身につける
considerable [kənsídərəbl] 形 考慮すべき	**consider ＋ able** 他動 を考慮する
acceptable [ækséptəbl] 形 受け入れることができる	**accept ＋ able** 他動 を引き受ける
understandable [ʌndərstǽndəbl] 形 理解できる	**understand ＋ able** 他動 を理解する
interchangeable [intərtʃéindʒəbl] 形 取り換え可能な	**interchange ＋ able** 他動 を置き換える

ful ～でいっぱいの

useful [júːsfl] 形 役立つ	**use + ful** 他動 を使う
careful [kéərfl] 形 注意深い	**care + ful** 名 心配、注意
fruitful [frúːtfl] 形 実りの多い	**fruit + ful** 名 フルーツ 自動 実を結ぶ
helpful [hélpfl] 形 役立つ、助けになる	**help + ful** 他動 に役立つ、を助ける
harmful [hάːrmfl] 形 有害な	**harm + ful** 他動 を害する
powerful [páuərfl] 形 力強い	**power + ful** 名 力
meaningful [míːniŋfəl] 形 意味を持つ、有意義な	**meaning + ful** 名 意味

less ～ない

useless [júːsləs] 形 使い物にならない	**use + less** 他動 を使う
careless [kéərləs] 形 不注意な	**care + less** 名 心配、注意
fruitless [frúːtləs] 形 無益な	**fruit + less** 名 フルーツ 自動 実を結ぶ
helpless [hélpləs] 形 体が不自由な	**help + less** 他動 に役立つ、を助ける
harmless [hάːrmləs] 形 損害を与えない	**harm + less** 他動 を害する
powerless [páuərləs] 形 無力な	**power + less** 名 力
meaningless [míːniŋləs] 形 意味がわからない	**meaning + less** 名 意味

ward, wise　方向

likewise [láikwàiz] 副同じように	**like + wise** 形似ている
clockwise [klákwàiz] 形副時計周りに	**clock + wise** 名時計
otherwise [ʌðərwàiz] 副さもなければ	**other + wise** 形ほかの
forward [fɔ́:rwərd] 副前方に 形前にある	**for　+　ward** 「前に」を意味する語源
awkward [ɔ́kwərd] 形不器用な	**awk　+　ward** 「不自然な」を意味する語源
afterward [ǽftəwərdz] 副その後	**after + ward** 前副あとで
northward [nɔ́rθwərd] 副北に向かって 形北へ向かう	**north + ward** 名北

わんわんメモ

wiseで「〜的には」を表すこともできます。

・time-wise 副時間的には

・money-wise 副金銭的には

al　名詞を形容詞に変化

central [séntrəl] 形中心の	**center + al** 名中心
logical [ládʒikəl] 形理にかなった	**logic + al** 名論理
cultural [kʌ́ltʃərəl] 形文化の	**culture + al** 名文化
accidental [æ̀ksidéntəl] 形偶然の	**accident + al** 名偶然

わんわんメモ

動詞の後ろにalがついた場合（80ページ参照）と比べてみましょう。

だいたい形容詞になる接尾辞リスト

ive	**extensive** [iksténsiv] 形 広大な
ous	**industrious** [indʌ́striəs] 形 勤勉な
able	**respectable** [rispéktəbl] 形 尊敬すべき
ful	**respectful** [rispéktfəl] 形 敬意を表す
less	**careless** [kéərləs] 形 不注意な
al（名詞＋al）	**central** [séntrəl] 形 中心の
ic	**academic** [ækədémik] 形 教育機関の

わんわんメモ

lyで終わっていれば副詞とは限りません。lyは名詞を形容詞に変え、形容詞を副詞に変える接尾辞です。以下はlyで終わる形容詞の例です。

・friendly（信頼できる）

・lively（元気いっぱいの）

・likely（ありそうな）

・daily（毎日の）

・costly（値段の高い）

・lovely（愛らしい）

動詞化する接尾辞

英単語を動詞にする働きを持つ接尾辞をまとめています。これまで紹介した接尾辞とあわせて覚えておきましょう。

だいたい動詞になる接尾辞リスト	
en	**strengthen** [stréŋkθn] 他動 を元気づける
ate	**accelerate** [əksélərèit] 他動 の速度を上げる
ise, ize	**advertise** [ǽdvərtàiz] 他動 を宣伝する
	finalize [fáinəlàiz] 自・他動 (を) 終わらせる
fy	**identify** [aidéntəfài] 他動 を確認する

わんわんメモ

fyには「〜化」という意味もあります。

・ diversify 他動 多様化する
・ justify 他動 を正当化する
・ simplify 他動 を単純化する
・ liquefy 自・他動 (を) 液化する

87

英語学習を習慣にする3つの方法

英語学習で何よりも大切なのは、「勉強の継続」です。

ただ、勉強の習慣のない人にとって、勉強を継続するというのは本当に難しいです。そこで勉強を習慣化させるのに有効だった3つの方法をお伝えします。

●小さな一歩を踏み出す

勉強を始めるにあたって、はじめから大きな目標や実施困難な計画を立てていませんか?「よし! やるぞ!」と燃えているときは達成可能な目標や計画に見えるかもしれませんが、数日後にはどうでしょうか? 数か月後は?

まずは、一歩目を踏み出すための小さな目標や計画を立ててみましょう。勉強の習慣がなかったら、まずは1日1時間の勉強を継続できるようにするのが大切です。仕事で疲れていても1時間なら勉強ができるのではないでしょうか?

そしてその勉強時間の範囲内で達成できる目標や計画を立てます。勉強に慣れてきたら勉強時間を徐々に増やしていきます。

●目標を明確にする

英会話を学習したいのか、TOEICで高得点を目指したいのかで勉強内容は変わります。例えば、試験勉強であれば1つでも多くの英単語を覚えていた方が有利です。知らない単語が多ければ問題を解けないからです。

一方で、英会話であればどれだけの単語を「**使える形で整理してインプット**」しているかが大切です。このあとに続く章では、中学校で習うレベルの英単語を使った便利な表現を中心に紹介しています。

●計画をより明確にする

「英文法を毎日30分勉強する」、「毎日オンライン英会話を受ける」といっただけの計画では不十分です。

下の例のように**場所・時間と結びつけて勉強を習慣にする**と、勉強が苦痛ではなくなるのでおすすめです。

習慣にできる計画の立て方の例

- 仕事帰りにいつもの喫茶店で1時間文法の勉強をする
- 家に帰って落ち着いてから、自宅の机に座ってオンライン英会話の時間を作る
- 寝る前にソファやベットの上で単語帳を音読する

2章

前置詞・副詞編

頻出の前置詞・副詞のイメージをつかんでおくと、熟語の暗記がぐっと楽になります。3章の動詞編の解像度も上がるはずです。
左ページで基本の意味をおさえ、イメージをキープしながら右ページの熟語も一緒に覚えてしまいましょう。

at ☀ 点

atは「点」としてとらえてみましょう。使い方が広い理由に気がつくはずです。
時間や場所だけではなく、対象や状態の点にも使えます。

時間・場所の点

- 例 **at the station**
  駅で
- 例 **at 9:00 a.m.**
  午前 9 時に

Don't worry, I'll be at the station at 9.00 a.m. to pick you up.

心配しないで、駅に朝9時に迎えに行くよ。

対象の点

- 例 **be good at**
  が得意だ

I have to tell you, your brother is good at chess; he can beat me within a minute!

あなたに伝えておかないと、あなたのお兄さんはチェスが得意で、私を1分以内に負かすことができるの。

状態の点

- 例 **make oneself at home**
  くつろぐ

Feel free to make yourself at home.

気兼ねしないでくつろいでくださいね。

わんわんメモ こんな場面でも、atが使えます。

値段 Daiso sells various items at a low price.

ダイソーではさまざまな商品を低価格で販売している。

速度 Most bullet trains operate at 100 kilometers per hour.

ほとんどの新幹線は時速100キロで運行している。

温度 The weather in Boracay today is hot at 30 degrees Celsius.

今日のボラカイの天気は摂氏30度で暑い。

●覚えておきたい at の英熟語

at first	**aim at**	**at a loss**
はじめは	に狙いを定める	困って
at last	**look at**	**at work**
やっと	に目を向ける	仕事中で
at someone's convenience	**laugh at**	**at ease**
（人）の都合のよいときに	を笑う	楽な姿勢で、くつろいで
at most	**be surprised at**	**at risk**
多くても	に驚く	危険にさらされて
at least	**arrive at**	**at first hand**
少なくとも	に着く	自分自身が直接

on 🐾 接触

onは「接触」ととらえてみましょう。何かの上に乗って接触していることを表すだけではなく、時間、対象、状態との接触にも使えます。

時間・場所との接触

🐾 **on Sunday**
日曜日に

🐾 **on the table**
机の上に

The book is <u>on</u> the table, please get it for me.

その本はテーブルの上にあるの、取ってちょうだい。

対象との接触

🐾 **rely on**
を頼りにする

I hate relying on others, but this time I need your help.

人に頼るのは嫌いだけど、今回はあなたの力が必要なの。

状態との接触

🐾 **on sale**
売りに出されて、安売りされて

Did you know the shoes are now <u>on</u> <u>sale</u>?

今その靴が販売されているのを知っていましたか？

わんわんメモ こんな場面でも、onが使えます。

天井に What is made of glass and hung on the ceiling?

ガラスでできていて、天井に吊るされているものは何ですか？

側 Put these on the right side.　**ご馳走** It's on me.

これらを右側に置いて。　私のおごりです。

●覚えておきたい on の英熟語

go on	depend on	on a diet

進み続ける	に頼る	ダイエット中で

work on	live on	on purpose

に取り組む	に依存して生活する	わざと

on schedule	try on	on the other hand

予定どおりに	を試着する	その一方で

on time	on business	on the same page
時間どおりに	商用で	同じ考えを持っている

on my way	on duty	on the verge of

向かっている途中	勤務時間中で	今にも～しようとして

93

in 中

inは「中」ととらえてみましょう。場所だけではなく、時間、対象、状態の中にいる場合にも使えます。

時間・場所の中

例 **in June**
6月に

例 **in the station**
駅で

His brother is in the station right now.
彼の弟はちょうど今駅にいる。

対象の中

例 **step in**
に足を踏み入れる、介入する

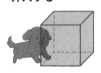

It looks like they are fighting. We should step in and break it up.
喧嘩しているようだ。私たちは間に入って、やめさせるべきだ。

状態の中

例 **in trouble**
トラブル状態で

My friend's company has been in trouble due to the pandemic.
私の友人の会社はパンデミックの影響で大変なことになっている。

わんわんメモ こんな場面でも、inが使えます。

後 I'll be there in an hour; you wait.
1時間後に行くよ。だから待っていてね。

服 She really does look beautiful in that pink floral dress.
ピンクの花柄のドレスを着た彼女は本当に美しい。

領域 There's always the spirit of competition in marketing.
マーケティングには常に競争の精神がある。

●覚えておきたい in の英熟語

in Japan	**in** English	turn **in**

日本で	英語で	中へ入る、を提出する
in the morning	**in the** red	come **in**

朝に	赤字で	中に入る
in winter	**in a** word	break **in**
冬に	ひとことで言えば	押し入る
in order	**in my** opinion	specialize **in**
順序正しく	私の考えでは	を専門に扱う
in a hurry	**in the** long run	bring **in**

急いで	長期的に見れば	を参加させる、もたらす

off ✿ 分離

offは「分離」ととらえてみましょう。場所だけではなく時間、対象、状態から分離する場合にも使えます。

時間・場所との分離	対象との分離	状態の分離
例 **day off** 非番の日、休日	例 **put off** を延期する、遠ざける	例 **off the hook** 危機から脱して

例 **off the table**
議論から外れる

You know what? You should take the day off, and you deserve it.

わかってる？ その日は休みを取るべき、休んで当然だよ。

Hayato wants to put off the meeting until next week.

隼人は会議を来週まで延期したい。

Just when he thought he was off the hook, the gangsters found him.

窮地から逃れたと彼が思った矢先に、ギャングに見つかってしまった。

わんわんメモ こんな場面でも、**off** が使えます。

出発 Alright, I'm off to get some milk. I'll be back at night.

じゃあ、牛乳を買ってくるよ。夜に帰ってくるね。

割引 Hear ye, hear ye! Old man Sheen has all of his items at fifty percent off!

皆さん、聞いてください。シーンおじさんが全品50%オフで販売しています！

●覚えておきたい off の英熟語

get off	give off	take off
（バスや電車）から降りる	を発する	離陸する

lay off	turn off	call off
を解雇する	止まる、を止める	を中止する

shut off	come off	off the point
（機械、水道など）を止める	はがれる、落ちる	要領を得ない

keep off	cut off	off the mark
を離しておく	を切り取る、やめる	的外れの

leave off	see off	off the record
（仕事、話など）をやめる	を見送る	オフレコの

前置詞・副詞編

97

by 🐾 近接

byは「近接」ととらえてみましょう。場所だけではなく時間との近接、手段や対象との近接を表すときにも使えます。

時間・場所との近接

例 by the window
窓辺に

例 by tomorrow
明日までに

> That old man has been sitting by the window for days now.
> あのおじいさんはもう何日も窓際に座っている。

手段との近接

例 by bus
バスで

例 by e-mail
メールで

> Make sure you send your homework at 10 p.m. sharp by e-mail.
> 宿題は必ずメールで午後10時ちょうどに送信するようにしてください。

対象との近接

例 stand by
のそばに立つ

> Stand by that wall; I'll check your height.
> 壁のそばに立ってね。身長を確認するよ。

わんわんメモ🖊 こんな場面でも、byが使えます。

単位 The fishmonger weighs his fish by the kilo.

魚屋さんはキロ単位で魚の重さを量る。

寸法 The farm will be around 100 meters by 200 meters.

畑の大きさは100m×200m程度になります。

掛け算 割り算 If you multiply 2 by 2, you get 4.

2に2を掛けると4になります。

差分 Mayor Bob lost the election by only ten votes.

ボブ市長は、わずか10票差で選挙に敗れた。

●覚えておきたい by の英熟語

drop by	by accident	by day
に立ち寄る	偶然に	日中は

pass by	by nature	catch someone by the arm
過ぎ去る	生まれつき	（人）の腕をつかむ

by way of	by any chance	word by word
を経由して	もしかして	1語ずつ

by means of	by law	little by little
を用いて	法律によって	少しずつ

by all means	by mistake	day by day
何としてでも	誤って	日ごとに

out 🐾 外へ

outは「外へ」ととらえてみましょう。ただ「外へ」というだけでなく、(外へ出ていって) なくなる、考え出すという場合にも使えます。

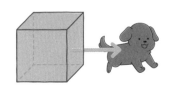

外に出る	なくなる	見つけ出す・考え出す

例 eat out
外食する

例 I'm out.
私はやめておく

例 run out of time
時間がなくなる

例 figure out
理解する

My boyfriend told me we should eat out today.

私の彼は私に、今日は外食するべきだと言った。

We have to hurry or else we will run out of time.

私たちは急がないと時間がなくなってしまう。

I'm trying to figure out if my answers were wrong.

私は自分の答えが間違っていたかどうかを考えている。

わんわんメモ

outにofをつけて「out of (から外へ)」という形でもよく使われます。

●覚えておきたい out の英熟語

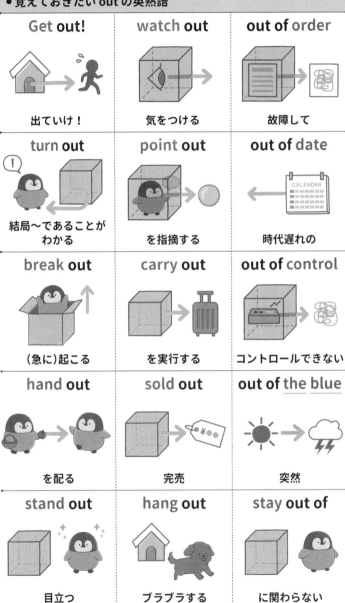

Get out!	watch out	out of order
出ていけ！	気をつける	故障して
turn out	point out	out of date
結局〜であることが わかる	を指摘する	時代遅れの
break out	carry out	out of control
（急に）起こる	を実行する	コントロールできない
hand out	sold out	out of the blue
を配る	完売	突然
stand out	hang out	stay out of
目立つ	ブラブラする	に関わらない

over 越える

overは「越える」ととらえてみましょう。場所だけでなく、時間や対象も越えます。また覆うときにも使われることがあります。

時間・場所を越える	対象を越える	覆う

時間・場所を越える

例 **over the bridge**
橋を渡って

例 **over the weekend**
週末にかけて

Mika went skydiving over the weekend.

ミカは週末にスカイダイビングに行った。

対象を越える

例 **jump over**
を飛び越える

例 **look over**
に目を通す、
〜越しに見る

I looked over my shoulders and saw a guy staring at me.

肩越しに振り返ると、男の人が私を見つめているのが目に入った。

覆う

例 **cover over**
を覆い隠す

She put a cover over her car.

彼女は車にカバーをかぶせた。

わんわんメモ こんな場面でも、overが使えます。

しながら How about we discuss this over coffee?

これについてコーヒーを飲みながら話し合いませんか？

終了 The test is over.

テストが終わった。

●覚えておきたい over の英熟語

get over	run over	over the speed limit
を乗り越える	を車でひく	制限速度をオーバーする
take over	hung over	over the phone

を引き継ぐ	二日酔いで気分が悪い	電話で
turn over	trip over	all over

をひっくり返す	につまずく	全体にわたって
hold over	over the hill	over there
を持ち越す	最盛期を過ぎた	あちらに
hand over	over the moon	over here

を手渡す、譲渡する	大喜びしている	こちらに

under 🐾 下、覆われる

underは「下」、何かに「覆われる」イメージでとらえてみましょう。ものだけでなく、影響や数値の下を表す場合にも使えます。

ものの下

例 **under the tree**
木の下

例 **under the cover**
カバーの下

Mao and her friends picnicked under the tree, facing the sea.

まおとまおの友だちは、海を見ながら木の下でピクニックをした。

影響の下

例 **under stress**
ストレスを受けて

例 **under control**
コントロールされて

We need to bring this ship under control, or we might crash into an iceberg!

この船をコントロールしないと、氷山に衝突してしまうかもしれません。

数値の下

例 **20 years old or under**
20 歳以下

20歳

People 20 years old or under can't enter this establishment.

20歳以下の方はこの施設に入場できません。

わんわんメモ こんな場面でも、underが使えます。

年齢 Underage people could not buy alcohol and smoke.

未成年者は酒を買えず、タバコも吸えなかった。

条件 Chinny could not go out with us since he was feeling under the weather.

チニーは体調不良のため、私たちと一緒に出かけることができなかった。

影響 The driver was arrested for driving under the influence of alcohol.

運転手は酒気帯び運転で逮捕された。

●覚えておきたい under の英熟語

go under	under the circumstances	under the gun
沈む、失敗する	この条件のもとに	切羽詰まって
come under	under the law	under wraps
の下に入る	法律のもとで	秘密にされた
take someone under one's wing	under way	under the skin

（人）の面倒をみる	進行中で	皮下に
under construction	under repair	water under the bridge
建設中で	修理中で	過ぎてしまったこと
under consideration	under arrest	under the table

考慮中で	逮捕されて	不正な方法で

above / below
基準となる線の上と下

above/belowは「基準となる線の上と下」ととらえると使い方を覚えやすいです。基準の線の延長として、目に見える線や位置の上下を表す場合にも使えます。

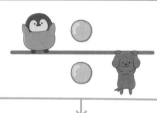

| 基準の上下 | 目に見える線の上下 | 位置の上下 |

例 **above** average
平均以上で

例 **above** sea level
海面上の

例 mentioned **below**
下記の

例 **below** budget
予算を下回って

例 **below** the horizon
地平線下に

That man's performance is way <u>above</u> <u>average</u>.

あの男性のパフォーマンスは平均よりずっと上だ。

A terrain is counted as a mountain if its height is 180m <u>above</u> <u>sea</u> <u>level</u>.

高さが海抜180mであれば、地形は山として見なされる。

Please follow the instructions mentioned <u>below</u>.

下記の指示に従ってください。

We should definitely go on this trip. It is <u>below</u> <u>our</u> <u>budget</u>.

この旅行に絶対に行くべきだと思う。私たちの予算を下回っている。

The ship sailed 'til it disappeared <u>below</u> <u>the</u> <u>horizon</u>.

船は地平線の下に消えるまで航行していた。

●以下・未満・以上・超えの表現

以下：(数字)+or under, (数字)+or below, (数字)+or less

例 You must be 10 or under to receive a free meal.
無料の食事は 10 歳以下の方のみ対象です。

未満：under+(数字), below+(数字), less than+(数字)

例 Children under 3 are allowed to enter the playpen.
3 歳未満のお子さまはベビーサークルに入ることができます。

以上：(数字)+or above, (数字)+or over, (数字)+or more

例 We only allow those who are 50 inches or above.
50 インチ以上の方に限らせていただきます。

超え：above+(数字), over+(数字), more than+(数字)

例 You can only join this competition if you are above 10 years old.
11 歳以上の方のみ、この大会に参加できます。

わんわんメモ こんな場面でも、above / belowが使えます。

何より "The hostages should be safe above all else," said the police chief.
「人質は何よりもまず無事であるべき」と警察署長は言った。

卑怯 Hajime doesn't like fighting below the belt.
ハジメは卑怯なやり方で戦うのは好きではない。

氷点下 Antarctica is one of the places where the temperature is
below the freezing point.
南極大陸は、気温が氷点下になる場所のひとつだ。

107

up 🐾 上

upは「上」ととらえてみましょう。限界まで上がる、近づく（上がってきて見えるようになる）などの場合にもupが使えます。

上へ・上がって

🐾 **look up to**
を尊敬する

🐾 **climb up**
を登る

Climb up the stairs carefully, okay?

気をつけて階段を上ってくださいね。

限界まで上がる

🐾 **give up**
諦める

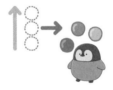

I may be beaten up, but I will not give up!

ひどい目にあうかもしれない、でも私はあきらめない！

近づく

🐾 **show up**
現れる

Hiku will be at the foot of the mountain, so be sure to show up on time.

ヒクは山のふもとにいる予定なので、時間どおりに来てください。

わんわんメモ こんな場面でも、upが使えます。

終了 Time is up.
時間切れです。

現れる What's up?
最近どう？ 😊 あいさつとして使う場合もあります

完了 I didn't cheat in the exams! Someone must have set me up!
私は試験で不正なんかしなかった！ 誰かが私をはめたに違いない！

●覚えておきたい up の英熟語

go up	**stay up**	**clean up**

上がる、増す	夜遅くまで起きている	を綺麗に掃除する
bring up	**grow up**	**eat up**

を持ち出す、上に持ってくる	成長する	を食べ尽くす
keep up	**thumbs-up**	**build up**

を維持する	承認、賛成	を築き上げる
pick up	**make up**	**catch up with**

を持ち上げる	を作り上げる	に追いつく
wake up	**stand up**	**keep up with**

起きる	立ち上がる	に遅れずについていく

down 🐾 下

downは「下」ととらえてみましょう。低い状態へ、離れる（下がって見えなくなっていく）という場合にもdownが使えます。

下へ・下がって

例 **look down on**
を見下す

例 **fall down**
落ちる

The law of gravity was discovered after Issac Newton saw an apple fall down.

アイザック・ニュートンがリンゴの落下を見たあと、重力の法則は発見された。

低い状態へ

例 **calm down**
落ち着く

Calm down. The giant isn't going to find us.

落ち着いて。巨人は私たちを見つけない。

離れる

例 **go down**
下りる

Go down this street and turn right.

この通りを進み、右折してください。

😊 downには up の「近づく」と逆で「離れる」意味があり、坂道になっていなくても go down を使う場合があります。例文では「（ここから）離れる」という意味で使われています

わんわんメモ🖊 こんな場面でも、downが使えます。

根をはる Kanechi is such a down-to-earth guy.

カネチは、とても堅実な男です。

落ち込む Don't let me down.

がっかりさせないで。

下へ The nail that sticks out gets hammered down.

出る杭は打たれる。

turn down

を断る、弱める

lie down

横たわる

narrow down

だんだん小さくする

前置詞・副詞編

hold down

を押し下げる、抑える

lay down

を横たえる

feel down

落ち込む

step down

を下げる、身を引く

shut down

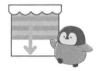

を閉める

break down

故障する

cut down

を切り下げる

take down a note

メモを取る

get down to

に本腰を入れて
取り掛かる

sit down

座る

tear down

を引き下ろす、取り壊す

down to the wire

最後の最後まで

beyond 🐾 超える

beyondは「超える」ととらえてみましょう。及ばないところに超える、限界を超える場合にも使えます。

| 向こうに越える | 及ばないところに超える | 限界を超える |

向こうに越える

例 **to infinity and beyond**
無限の彼方へ

例 **beyond the mountain**
山の向こうに

The village you are looking for is <u>beyond</u> the mountain.

あなたがお探しの村は山の向こうにあります。

及ばないところに超える

例 **beyond me**
私には無理

It's too complicated. It's <u>beyond</u> me.

それは複雑すぎる。私には無理だよ。

限界を超える

例 **beyond the limit**
限度を超えて

We should push ourselves and go <u>beyond</u> the limit.

私たちは自分を追い込んで、限界を超えていくべきだ。

わんわんメモ🐾 こんな場面でも、beyond が使えます。

はるかに Aoi likes to go above and beyond when it comes to achieving her goals.

葵は自分の目標達成に関しては、予想をはるかに超える結果を出すのが好きだ。

先に Nishiki paused and told Anna to look beyond.

ニシキは一息ついて、アナに先を見据えるように言った。

以降 I think the country will grow from 2021 and beyond.

その国は2021年以降、成長していくと私は思う。

● 覚えておきたい beyond の英熟語

beyond belief 信じられないほどの	**beyond** question 何の疑問も抱かずに	**beyond** the reach of  の力の及ばない
beyond description  言葉では表現できない	**beyond** suspicion 疑いの余地がない	**beyond** someone's imagination の想像を超えている
beyond words  言葉では言い表せない	**beyond** the scope of の範囲で収まらない	**beyond** the sea  海を越えて
beyond comparison  比べものにならない	**beyond** human knowledge 人知の理解を超えている	far **beyond** sight 視野のはるか先に
beyond control  コントロールできない	**beyond** recognition  判別不能で	go far **beyond** をはるかに超える

113

across 🐾 横切る

acrossは「横切る」ととらえてみましょう。場所だけでなく、ひとやものを横切ったり、考えがよぎる場合にも使えます。

場所を横切る	ひと・ものを横切る	考えがよぎる

例 **across the road**
道を横切る

例 **run across**
に偶然会う

例 **come across**
（考えなどが）に
浮かぶ

We had to go across the road to reach the shop.

お店にたどり着くには、私たちはその道を横切らなければならなかった。

Kageyama ran across Asahi on the streets while he was on a jog.

景山はジョギング中に旭と偶然会った。

A good idea came across my mind.

よい考えが私の心に思い浮かんだ。

わんわんメモ🖉 こんな場面でも、acrossが使えます。

向かい My mom told me to sit across the table.

母は私に、テーブルの向かい側に座るように言った。

向かい Osamu told me that the ball was right across the room.

オサムは私にそのボールは部屋の真向かいにあると言った。

超えて The technology has changed across generations.

世代を超えて技術は変化している。

●覚えておきたい across の英熟語

go across	**put across**	**across from**
	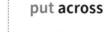	
を横断する	を効果的に伝える	の向かいに
walk across	**get across**	**across cultures**

を歩いて渡る	を理解させる	文化を越えて
jump across	**spread across**	**across country**

を飛び越える	に散在する	田舎を横切って
swim across	**cut across**	**across the country**

を泳いで渡る	を横切る	国中に
reach across	**stumble across**	**across the board**

を越えて通じ合う	に出くわす	全体にわたって

along 🐾 沿う

alongは「沿う」ととらえてみましょう。場所だけではなく、ひとやもの、考えに沿う場合にも使えます。

場所に沿う	ひと・ものに沿う	考えに沿う
例 **along the street** 通り沿いに	例 **get along** with （人）と仲良くする	例 **along** the lines of （テーマ・計画など） に沿って

Satsuki rode a bike along the street.

サツキは自転車に乗って通りを走った。

Everyone in class gets along with the professor.

クラスの全員が教授と仲良くしている。

The client wanted something along the lines of poetry.

そのクライアントは詩のようなものを求めていた。

わんわんメモ📝 こんな場面でも、alongが使えます。

途中 Can you grab some almond milk along the way?

途中でアーモンドミルクを飲める？

同行 I went along for the ride since it seemed fun.

楽しそうなので、ついでに私も同行した。

進行 Move along, please.

（止まらずに）進んでください。

●覚えておきたい along の英熟語

along with	come along	bring along
と一緒に	うまくいく、進む	を連れてくる
go along with	pass along	all along
についていく、協力する	を伝える	最初からずっと
tag along	talk along	all along the line
ついていく	話し続ける	(交通渋滞などが)全線にわたって
play along with	inch along	along the wall
と調子を合わせる	ジリジリと進む	壁に沿って
sing along to	walk along	along the beach
に合わせて歌う	(前方へ)歩く	海辺沿い

117

through 🐾 通過する

throughは「通過する」ととらえてみましょう。場所だけでなく時間や経験、何かを介して通過する場合にも使えます。

時間・場所を通過する	経験を通過する	介して通過する

時間・場所を通過する

🐾 **through the door**
ドアを通る

🐾 **through the night**
夜を通して

経験を通過する

🐾 **through to the end**
終わりまで通して

介して通過する

🐾 **through our friend**
共通の友達を通して

Through the night, I find myself relaxed with a warm drink.

気がつくと、私は夜通し温かい飲み物でリラックスしている。

Watching it through to the end, the movie was pretty good.

最後まで見てみると、その映画はかなり良かった。

Through our friend, we were able to enter the store.

友人を通して、私たちはお店に入ることができた。

わんわんメモ こんな場面でも、throughが使えます。

経験 For the past week, my brother has been through a lot.

この1週間、私の弟はたくさんのことを経験してきた。

終了 After all this time of loving you, we are through!

あなたを愛していた時代は過ぎ去り、私たちは終わりだね！

通行 Excuse me, coming through.

すみません、通ります。

●覚えておきたい through の英熟語

go through	break through	flow through ～ to …
を通り抜ける	を打ち破る	～を通って…に流れる
get through	cut through	half way through
を通過する	を通過(横断)する	途中で
put through	make it through	straight through
電話をつなぐ	をうまくやり遂げる	一直線に
fall through	drive through	through the year
失敗に終わる	を車で通り抜ける	1年を通して
run through	look through	through an interpreter
を走り抜ける	に目を通す	通訳を通して

119

with 🐾 ともに

withは「ともに」ととらえてみましょう。ひとだけでなく、手段や様子、原因などをともにする場合にも使えます。

ひと・相手とともに

例 **argue with**
と議論する

例 **with my friend**
友達と

I went to school with my friend on the same bus.

友だちと一緒に同じバスで学校に行った。

所有・手段とともに

例 **girl with long hair**
髪の長い女の子

例 **with a knife**
ナイフで

Crush the garlic with a knife.

にんにくを包丁でつぶしなさい。

様子・原因とともに

例 **with ease**
容易に

例 **with cold**
寒さで

I can now breathe with ease.

今は楽に呼吸ができる。

わんわんメモ📝 こんな場面でも、withが使えます。

ついていく Are you with me?

（話に）ついてきていますか？

しながら The man greeted me with his arms crossed.

男は腕を組んで私に挨拶してきた。

😊「with O C」で「OをCしながら」という意味で使えます

●覚えておきたい with の英熟語

agree with	deal with	with care

（人）の意見に同意する	に取り組む	注意して

correspond with	be familiar with	be satisfied with

と文通する、 と一致する	をよく知っている	に満足している

go with	equip A with B	with a credit card

とともに進む	A に B を備える	クレジットカードで

get along with	provide A with B	with fear

（人）と仲良くする	A に B を提供する	怖がって

coffee with sugar	compare A with B	with difficulty
砂糖入りのコーヒー	A を B と比較する	苦労して

121

of 🐾 所属・分離

ofは「所属・分離」ととらえてみましょう。組織への所属だけではなく、対象や原因としての所属、また材料や分量の分離にも使えます。

組織・性質への所属	対象・原因としての所属	材料・分量の分離

🐾 one of my friends
友達の1人

🐾 person of courage
勇気のある人

We need a person of courage to lead us to victory!

私たちは、勝利に導いてくれる勇気のある人を必要としている。

🐾 be aware of
に気づいている

🐾 die of cancer
がんで死ぬ

Are you aware of Sakura's pancreatic cancer?

サクラさんの膵臓がんについてご存知ですか?

🐾 a cup of coffee
1杯のコーヒー

🐾 be made of
で作られている

This structure was entirely made of steel.

この構造は、すべて鋼でできている。

わんわんメモ🐾 こんな場面でも、ofが使えます。

単位 I had a bunch of grapes before coming here.

ここに来る前に、ブドウを一房食べた。

種類 The shop is now popular because of word-of-mouth type of advertising.

口コミ型の広告のおかげで、その店は今人気だ。

性格 That's very kind of you.　　ご親切にありがとう。

●覚えておきたい of の英熟語

piece of cake	consist of	be afraid of
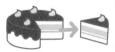		
簡単なこと	から成る	を怖がる
beginning of	rob A of B	be tired of

の始まり	A から B を奪う	にうんざりしている
in terms of	inform A of B	think of

を単位として、に関して	A に B を知らせる	のことを考える
first of all	remind A of B	at the cost of

まず第一に	A に B のことを思い出させる	を費やして
dispose of	suspect A of B	at the risk of

を処分する	A を B だと疑う	の危険を冒して

前置詞・副詞編

123

about, around 🐾 周辺

aboutは「周辺」をモクモク、aroundは「周辺」をグルグルするととらえてみましょう。時間、場所、数字、対象などの周りをモクモク、グルグルします。

時間・場所の周辺

例 **about 9:00 a.m.**
午前9時頃

例 **around the office**
事務所の周辺

I used to wake up around 7:00 a.m. for classes; now I wake up at about 8:30 a.m.

以前は授業のために朝7時頃に起きていたけれど、今は8時半頃に起きています。

数字の周辺（年齢、金額など）

例 **about the same age**
同じ年くらい

例 **around $1,000**
1,000ドルくらい

Wow! Your brother is about the same age as me!

わぁ！お兄さんは私と同じくらいの年なんですね！

話題など対象の周辺

例 **talk about**
について話す

What are you talking about?

何について話しているの？

わんわんメモ🐾 こんな場面でも、aboutが使えます。

するところ I'm about to meet my friend who went to Japan in June.
6月に日本に行った友人に会いに行くところです。

様子 How about you?　あなたはどう？

提案 How about having lunch together?
一緒にランチどうですか？

● 覚えておきたい about, around の英熟語

worry **about**	hear **about**	beat **around** the bush

を心配する	について聞く	遠回しに探る

feel sorry **about**	ask **about**	go **around**

のことを気にする	について尋ねる	周りをまわる

bring **about**	**about** time	walk **around**

をもたらす	そろそろ〜する時間	歩き回る

come **about**	**around** the corner	look **around**

起こる	角を曲がった所に、すぐ近くに	周りを見回す

book **about**	turn **around**	**around** the world
についての本	回転する	世界中の

to 到達点

toは「到達点」としてとらえてみましょう。場所や時間だけでなく、目的や対象、比較の到達点を表す場合にも使えます。

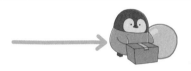

| 時間・場所の到達点 | 目的・対象の到達点 | 比較の到達点 |

例 **to 9:00 a.m.**
午前9時まで

例 **listen to**
に耳を傾ける

例 **prefer A to B**
BよりAを好む

例 **to Tokyo**
東京へ

例 **introduce A to B**
AをBに紹介する

例 **be superior to B**
Bよりも上位である

I'll be hanging around that area from 6.00 p.m. to 7.00 p.m.

午後6時から7時まで、そのあたりをうろうろしています。

I can't wait to introduce Alice to Tsuki!

アリスをツキに紹介するのがすごく楽しみ!

She is superior to her co-workers since her boss promoted her recently.

最近上司が彼女を昇進させたので、彼女は同僚よりも上位だ。

わんわんメモ こんな場面でも、toが使えます。

変化 When we saw the tiger, things turned from bad to worse.

私たちがその虎を見たとき、事態は悪化した。

範囲 Most carry-on luggage is up to 7kg.

ほとんどの機内持ち込み手荷物は7kgまでです。

比率 I won by two to one against my brother.

私は弟に2対1で勝った。

● 覚えておきたい to の英熟語

talk to	come to	dance to music
に話しかける	にやってくる、になる	音楽に合わせて踊る

lead to	attach to	answer to a question
(道などが)〜に通じる	に伴う	質問に対する答え

belong to	stick to	to some extent
に属する	にくっつく	ある程度

be known to	connect A to B	prior to
に知られている	A を B に接続する	より前に

look up to	look forward to	be senior to
を尊敬する	を楽しみに待つ	より年上である

127

from 🐾 起点

fromを「起点」ととらえてみましょう。場所や時間だけではなく、分離や区別、原因や出所の起点にも使えます。

時間・場所の起点	分離・区別の起点	原因・出所の起点

例 **from 9:00 a.m.**
9時から

例 **tell A from B**
A と B を識別する

例 **be tired from**
で疲れている

例 **from Tokyo**
東京から

例 **refrain from**
を控える

例 **quotation from**
からの引用

My brother will be traveling from Tokyo to Australia this weekend.

今週末、弟は東京からオーストラリアへ旅立ちます。

I can't seem to tell Bill from Bob; they both look the same!

私にはビルとボブの区別がつかないみたい。2人とも同じに見える！

I read a magazine with a quotation from Shakespeare.

私はシェイクスピアの引用文が載っている雑誌を読んだ。

わんわんメモ こんな場面でも、fromが使えます。

変化 Hey! Can you help me translate this from English to Japanese?
ねえ、これを英語から日本語に翻訳するのを手伝ってくれない？

引き算 控除 Gross profit is calculated by subtracting the cost of goods sold from revenue.
利益は収入から商品販売の費用を引くことで計算できる。

範囲 From day one until now, you still haven't started studying?
初日から今まで、まだ勉強を始めていないのですか？

●覚えておきたい from の英熟語

from my point of view	prevent A from B	different from
私の目からみると	A が B するのを防ぐ	と異なる

from scratch	deduct A from B	from country to country
ゼロから	B から A を差し引く	国ごとに

from now on	suffer from	keep away from/ stay away from
今後は	に苦しむ	から離れている、 に近寄らない

result from	come from	get away from
に起因する	から来る	から離れる

prohibit A from B	be made from	far from
AがBするのを禁止する	でできている	から遠くに

for ● 方向

forを「方向」としてとらえてみましょう。場所だけではなく交換先、範囲や期間に意識が向かう場合にも使えます。

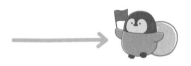

対象・場所への方向	交換先の方向	範囲・期間への方向

例 **bound for**
〜行きの

例 **present for**
へのプレゼント

例 **exchange A for B**
AとBを交換する

例 **pay A for B**
Bの代金としてAを払う

例 **for two years**
2年間

例 **for his age**
彼の年齢にしては

Who are you buying that <u>present</u> for?

誰のためにそのプレゼントを買うの？

She paid $100 for the sparkling ruby necklace.

輝くルビーのネックレスに、彼女は100ドルを払った。

He looks wrinkly <u>for</u> his age.

彼は年の割に皺だらけだ。

わんわんメモ こんな場面でも、forが使えます。

〜にとって Does it work for you?　あなたの都合はいいですか？

店内飲食 For here or to go?

こちらで召し上がりますか？お持ち帰りですか？

理由 This shop is famous for its exquisite chocolate, made with high quality cocoa beans.

高品質のカカオ豆を使用した絶品チョコレートで有名なお店です。

● 覚えておきたい for の英熟語

look for	be responsible for	Thank you for
を探す	に対して責任がある	をありがとう

wait for	go for	value for money
を待つ	しに行く	金額に見合う価値

ask for	call for	for a while
を求める	を求めて呼ぶ	しばらくの間

prepare for	substitute for	for your information
の準備をする	の代わりになる	ご参考までに

fall for	for free	For real?
を好きになる	無料で	マジで？

against 逆行

againstは「逆行」ととらえてみましょう。場所だけでなく規則や意志、環境に対して逆を向く場合にも使えます。

場所・背景に逆行	規則・意志に逆行	環境に逆行

例 **lean against**
によりかかる

例 **against the
blue sky**
青空を背に

That picture looks
perfect against the
blue sky!
青空に映える写真ですね！

例 **against the rule**
規則違反で

例 **against
someone's will**
(人)の意志に反して

They had him locked
up against his will.
彼らは彼を本人の意志に反
して監禁した。

例 **against the
cold winter**
寒い冬に備えて

During their expedition
to Mount Everest,
many hikers had to
fight against the cold
wind.
エベレストへの遠征の間、多
くのハイカーが寒風と戦わな
ければならなかった。

わんわんメモ こんな場面でも、againstが使えます。

反対 Are you for or against?　賛成ですか、それとも反対ですか？

為替 Can someone give me the value of yen against dollar?
誰か円の対ドルレートを教えてくれませんか？

訴訟 She will file a lawsuit against that company because they did
not refund her.
会社が返金しなかったので、彼女はその会社に対し訴訟を起こすだろう。

●覚えておきたい against の英熟語

前置詞・副詞編

against the law  法律違反で	**against a** rainy day  万一に備えて	go **against**  に逆らう
against the wind  向かい風で	**against a contract** 契約に違反して	fight **against**  と戦う
against the clock  大急ぎで	**against the background of**  を背景に	swim **against the** current  流れに逆らう
vaccination **against**  の予防接種	work **against**  に逆らう	turn **against** と反対の方向に向きを変える
prejudice **against**  に対する偏見	vote **against**  に反対の投票をする	stand **against**  を背中にして立つ、に立ち向かう

after ～の後ろに、～のあと

afterを「～の後ろに、～のあと」ととらえてみましょう。ひと、ものだけでなく、時間やできごとのあとを表すときにも使えます。

時間の後ろ	ひと・ものの後ろ	できごとのあと

時間の後ろ

例 **after 10 minutes**
10分後

Alicia, can you turn off the TV after 10 minutes?

アリシア、10分経ったらテレビを消してくれない?

ひと・ものの後ろ

例 **Please repeat after me.**
私の言ったことを繰り返してください。

例 **after the post office**
(道案内で)郵便局を過ぎたら

Take a left turn after the post office to reach our house.

郵便局を過ぎたところで左折したら私たちの家に着きます。

できごとのあと

例 **after class**
放課後

ABC

Can we go to the arcade after class?

放課後、アーケードに行ってもいい?

わんわんメモ こんな場面でも、afterが使えます。

譲る After you. お先にどうぞ。

次々 The students kept asking random questions one after another.
生徒たちは次々とそのとき思いついた質問をし続けた。

引き算後 Mao's company announced a profit of $800 million after tax this quarter.
まおの会社は、税引き後の今四半期の利益を8億ドルと発表した。

● 覚えておきたい after の英熟語

go after	inquire after	after all

のあとを追う	（人）の安否を尋ねる	やはり

come after	take after	after a while
		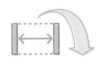
のあとに来る	に似ている	しばらくしてから

run after	name A after B	after that

を追いかける	B にちなんで A に名前をつける	それ以後

look after	model after	day after day
の世話をする	をモデルとする	来る日も来る日も

seek after	soon after	the day after
を求める	の直後に	その翌日

「〜まで」と「近さ」を表す byの使い分け

byには「時間・場所との近接」の意味がありました（98ページ参照）。時間は「〜まで」、場所は「〜の近く」を表しますが、それぞれ同じ日本語訳を持つuntil, nearとはどのような違いがあるのでしょうか。ニュアンスや意味の違いをおさえておきましょう。

●「〜まで」を表すbyとuntil

◎ byは単純に〜まで（期限）、untilは〜までずっと（継続）というイメージです。

例 By 5 pm, you should have finished your work and gone home.

午後5時までには仕事を終えて帰宅するべきだった。

例 Our seniors have to do overtime work until 11 pm today.

私たちの先輩たちは今夜11時まで残業しなければならない。

●「近さ」を表すbyとnear

◎ 公園の距離を表すとしたら、遊んでいる子どもの声が聞こえるなど、ひと目で近いとわかる距離感が近接のbyです。
一方nearは、公園から徒歩10分の場合など、感覚的に近いと感じたら使用できます。

例 Kita always jogs by the river.

キタさんはいつも川沿いをジョギングする。

例 Our house is near the park.

私たちの家は公園の近くです。

わん！Point lesson 2

be動詞＋前置詞・副詞

be動詞は主語が何なのか、主語がどんな状態なのかイコールで結ぶ役割があります
が、2章で学習した前置詞・副詞とセットで使用すると以下のような意味になります。
日常会話で使うのに便利なので覚えておきましょう。

●I'm…

off
もう行くよ

off to ～
～へ行ってくるよ

in
参加するよ

into ～
～にはまっている

out
やめておくよ

on it
今やってるよ

for it
賛成だよ

against it
反対だよ

あたりまえだけど、基礎が大切

「日本の英語教育は実戦的ではない、This is a penなんて使わない」と耳にすることがあります。

　ぼくも英語の勉強のやり直しを始めた当初は、中学生レベルの英語の復習をかなり甘く見ていました。

　ただ勉強を続ける上で気がついたことは、中学校で習う英語は土台の部分であって、土台なしに応用などできない、学習はやはり基礎が大切だということ。

　実際の日常会話の場面においても、使われている文法や英単語の多くは、中学生レベルの英語の応用です。またTOEICや受験などの試験についても、基礎が不十分であれば応用が理解できず、結局は中学英語のやり直しから始めなくてはならなくなります。

　言いたいことが英語でなかなか出てこない場合にも、実は中学英語に言い換えることで、難しい英語表現を使わずに英会話ができてしまいます。

　たとえば「私は優柔不断だ」と言いたいとき、「優柔不断」の英語がすぐ思い浮かぶでしょうか。

　"I'm an indecisive person.（私は優柔不断だ。）"と言えれば日本語訳どおりの英語になりますが、「indecisive（形）決断力のない、優柔不断な」はなかなか出てきませんよね（1章の語源編を読んだ皆さんはindecisiveを「in（否定）＋decide（決める）＋ive（形容詞化）」と分解して簡単に理解できると思いますが…！）。

　そこで、"I usually take long to make decisions.（私はたいてい決断をするのに時間がかかる。）"と言い換えたらどうでしょうか。文法、単語ともに中学生レベルですが、ほとんど同じ意味になります。

　この本の「前置詞・副詞編」「動詞編」「助動詞編」で紹介する英単語自体は比較的難易度の低いものですが、土台となる基礎をおさえて、そこから派生する数多くの応用的な使い方を学べるつくりとなっています。

　基本に忠実に、一歩一歩確実に勉強していきましょう。

3章

動詞編

実は誰もが知る基本動詞こそ、前置詞や副詞の組み合わせでさまざまな意味に変化します。2章でつかんだイメージを活かして、動詞のコアの意味から、熟語まで一気に覚えてしまいましょう。

take 取る

「medicine（薬）」を取り込む、「advice（アドバイス）」を受け入れる、「taxi（タクシー）」など選択肢を取る。こんな場合にはtakeが使えます。

take a picture
写真を撮る

take a call
電話をとる

take a nap
仮眠をとる

take a break
ひとやすみする

take a test
試験を受ける

take a lesson
レッスンを受ける

受ける・受け入れる

take someone's advice
（人）のアドバイスを聞く

取る・取り込む

take medicine
薬を飲む

take advantage of
を利用する

take a risk
危険を冒す

選択する

take a taxi
タクシーで行く

take a chance
いちかばちかやってみる

● take を使った日常会話表現

Take it easy.
気楽にやろう。

Take your time.
ゆっくりでいいよ。

Take care of yourself.　体に気をつけて。

● take を使った英熟語

take A into account
A を考慮に入れる

It's important to take color into account when picking out clothes.
衣服を選ぶときは色を考慮することが大切です。

take off
(靴、衣服)を脱ぐ、離陸する

Before entering the house, please do take off your shoes.
家に入る前に靴を脱いでください。

take over
を引き継ぐ

Harry will take over Amy's shift today because she is sick.
エイミーは体調が悪いので、今日ハリーは彼女のシフトを代わります。

take back
を返す、取り消す

Take back what you took from the shop.
店から盗ったものを返して。

take after
に似ている

Alicia is cute. She takes after her mother, who is a beautiful model.
アリシアはかわいい。彼女は美人のモデルである母親に似ている。

take apart
をバラバラにする

If you take that thing apart, it will break for sure.
もしそれを分解したら、きっと壊れるよ。

take along
を連れていく

Please take me along with you.
私も一緒に連れていってください。

bring 🐾 持ってくる

形のあるものだけではなく、変化や結果など形のないものも持ってきます。
また、人も連れてきます。

ものを持ってくる

Please bring a cup of coffee to me.
コーヒーを
持ってきてください。

連れてくる

What brings you to Japan?
日本に来たきっかけは
何ですか？

もたらす

I want to bring in positive change on social media.
ソーシャルメディアにポジティブな変化をもたらしたい。

● take と bring の使い分け

take
聞き手、話し手と別のところへ持っていく

Please take my luggage to the room.
ぼくの荷物を部屋まで運んでください。

bring
聞き手、話し手のところへ持ってくる

Please bring a cup of coffee to me.
コーヒーを持ってきてください。

わんわんメモ🐾

学校で「もっテイク」と習った人も多いのではないでしょうか？

混乱することがあるので、学習初期で違いをおさえておきましょう。

● bringを使った英熟語

bring about
を引き起こす、もたらす

It looks like this weather can bring about heavy thunderstorms any minute.
この天気は今にも激しい雷雨を引き起こしそうだ。

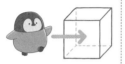

bring in
を参加させる

Don't bring in random people. That is weird.
知らない人を連れてこないで。それは変だよ。

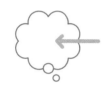

bring back memories
懐かしい

Ahh, these pictures bring back memories from my school days.
ああ、これらの写真は私の学生時代を思い出させる。

---

bring up
（話など）を持ち出す

Please don't bring up this topic. It is very irrelevant.
この話題を持ち出さないでください。関係ない話です。

---

bring down
を落ち込ませる

Don't bring down the rest of the team when you cannot do anything.
何もできないのにチームの他のメンバーをがっかりさせてはいけない。

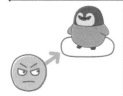

Bring it on!
かかってこい！

I'm not scared. Bring it on!
怖くなんてないよ。かかってこい！

動詞編

go 🐾 ポイントから離れていく

「行く」と覚えている人も多いかもしれません。「ポイントから離れていく」イメージなので、目的地点を表したい場合は後ろにtoをつける必要があります。

go crazy
気が変になる、夢中になる

go online
インターネットにつなぐ

go bankrupt
破産する

go bad
悪くなる、失敗する

Go easy on the alcohol.
お酒はほどほどに。

go abroad
海外へ行く

Go easy on me.
お手柔らかに。

go well
順調に進む

• go to 〜 / go to a 〜 / go to the 〜 の使い分け

go to 〜

例 I almost forgot that I have to go to school today.
今日は学校へ行かなければならないのを忘れるところだった。

> ただ学校へ行くのではなく「勉強をしに」学校へ行くというニュアンスを含みます。
> schoolを「物理的な場所」として使う場合には、下の例のように冠詞が必要になります

go to a 〜

例 Let's hang out and go to a mall later.
あとで遊びに出て、ショッピングセンターに行きましょう。

> どこのショッピングセンターに行くか決まっていません

go to the 〜

例 My friends and I want to go to the aquarium to see whale sharks.
私と友達はジンベイザメを見に水族館に行きたいです。

> どこの水族館に行くか決まっています

● go を使った英熟語

go across
を横断する

We decided to go across the country by car.
私たちは車で国を横断すると決めた。

go away
立ち去る

Could you ask them to go away? I'm busy at the moment.
彼らに立ち去るように頼んでいただけますか？私は今忙しいです。

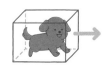

go out
外出する

I go out with my friends every weekend to play at the arcade.
私は毎週末友達とゲームセンターに遊びに行く。

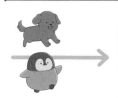

go with
と一緒に行く、ともに進む

I am going to go with my friends to the party.
私は友達とパーティーに行きます。
He can go with the flow in any situation.
彼はどんな流れにも合わせることができる。

go on
し続ける

I cannot go on with this anymore, this is too much for my heart.
もうこれは続けることができない。心が折れる。

go for it!
がんばれ！

Go for it! I'm sure you can do it.
がんばって！ 君ならできるって信じているよ。

come ポイントにやってくる

人だけではなく、「spring (春)」や「result (結果)」など形のないものもやってきます。「come true (実現する)」など、「ある状態になる」ときにも使えます。

到来する

Spring comes.
春が訪れる。

生じる

Success comes as a result of education and hardwork.
成功は、教育と努力の結果として生じる。

目的地に来る

I'm coming.
そっちに行きます。

ある状態になる

My dream came true.
夢が叶った。

● go と come の使い分け

go
ポイントから離れていく

Haru said he would go to Rin's house tonight to study.
ハルは今夜りんの家に勉強しに行くと言った。

come
ポイントにやってくる

Do you want to come to my house after school?
放課後に私の家へ来たいですか？

わんわんメモ

話している人のところに行くときは"I'm coming. (そっちに行きます。)"を使います。takeとbringの関係に似ていますね。一緒におさえておきましょう。

● comeを使った英熟語

come off as
の印象を与える

Act appropriately in public, or you will come off as a weird child.
人前で適切に行動しないと、変な子どものような印象を与えます。

come from
から来る

Hi! Where do you come from?
こんにちは！どこの出身ですか？

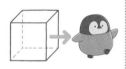

come out
出てくる

Little child, come out from there, it is not safe to play inside.
ぼく、そこから出てきて。中で遊ぶのは安全じゃないよ。

come across
（考えなどが）に浮かぶ、遭遇する

If you come across a stranger offering candy, do not take it.
もし飴を差し出してくる知らない人に遭遇しても、受け取ってはいけないよ。

---

come up with
を思いつく、考え出す

We need to come up with better ideas for these sentences, don't we?
私たちはこれらの文章についてもっと良いアイディアを考え出す必要がありますね？

when it comes to
のこととなると

When it comes to being alone, we should always be aware of our surroundings.
１人になることになると、私たちは常に周囲に気を配るべきである。

run 途切れなく進む

ただ「走る」と覚えていると混乱します。「途切れなく進む」というイメージから、「経営する」「流れる」「進む」という意味に繋がります。

 経営する

He runs a restaurant.
彼はレストランを経営している。

 立候補する

He will run for president.
彼は大統領に立候補するだろう。

流れる

A beautiful river runs through my town.
私の街にはきれいな川が流れている。

 **（ストッキングが）伝線する**

These stockings run easily.
このストッキングはすぐに伝線する。

運行する

The trains are running behind schedule.
電車はスケジュールより遅れている。

（物事が）進む

Everything is running smoothly.
すべてが順調に進んでいる。

●runを使った日常会話表現

Time is running out.
時間が迫っている。

I'm running late.
遅れそうです。(遅れています。)

runを使って「hit-and-run accident（引き逃げ）」という表現もあります

動詞編

run across
に偶然会う（そのまま通り過ぎる）

Kageyama ran across Asahi on the streets while he was on a jog.
景山はジョギング中に旭と偶然会った。

run into
に偶然会う（立ち止まる）

I didn't expect to run into our teacher yesterday.
昨日先生にお会いするとは思っていなかった。

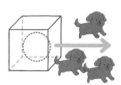

run out of
を使い果たす

Kageyama's game console has run out of battery from playing it too much.
景山のゲーム機は遊びすぎで電池が切れた。

run away
逃げ出す

Asahi isn't the type to run away from his problems.
旭は自分の問題から逃げるタイプではない。

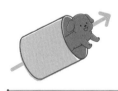

run through
を走り抜ける、にざっと目を通す

I'd like to run through your recommended playlist.
私はあなたのおすすめのプレイリストにざっと目を通してみたいです。

in the long run
長い目で見れば

Avoid using cheap batteries; these can ruin your gadgets in the long run.
安価なバッテリーを使用することは避けてください。長い目で見れば、ガジェットが壊れる可能性があります。

make 作る

形のあるものだけではなく、「行動」「違い」「お金」などいろいろなものを作ります。使役動詞として「ある状態を作る」場合にも使えます。

make a decision
決定する

make a mistake
間違いを犯す

make an excuse
言い訳する

make a call
電話をかける

行動を作る

make a compliment
ほめる

make a complaint
文句を言う

make an effort
努力する

make an appointment
約束する

make time
時間を作る

make money
稼ぐ

お金・時間・空間を作る

make room for
にスペースを空ける

make a fortune
財を成す

make no difference
違いがない

違いを作る

make a difference
変化をもたらす

● make を使った英熟語

make up for
の埋め合わせをする

You have to make up for the damage you caused.
自分が起こした損害は償わなければならない。

make fun of
をからかう

Don't make fun of other people.
他の人をバカにしてはいけない。

make use of
を使用する、活用する

Make use of the knowledge you acquired in school.
学校で身につけた知識を活かしなさい。

make it a rule to / that
するのを習慣にしている

Let's make it a rule that you have to clean your room before you can play your video games.
部屋を掃除してからゲームをするのを習慣にしよう。

わんわんメモ

make outは、「作りあげる、うまくやる」という意味ですが、
「いちゃつく」という意味もあります。

例文 We made out before, but it didn't work out.
私たちは以前イチャイチャしていたけど、うまくいかなかった。

● makeを使った日常会話表現

Make sure everything is secured before leaving the room.
部屋を出る前に必ず戸締りや火元を確認しなさい。

That makes sense.
なるほど。

You made my day.
あなたのおかげで良い1日だった。≒ありがとう。

Does it make sense?
答えになっていますか？

You made it!
やったね！

😊 Do you understand? は「理解してる?」
といったちょっと横暴なニュアンスなので注意が必要です

have 🐾 持つ

形のあるものだけではなく、「meeting（会議）」など状況、「headache（頭痛）」など状態を持つときにも使えます。

have a headache
頭痛がする

have an argument
口論する

have a blast
楽しい時間を過ごす

have a plan
考えがある

have no idea
全くわからない

have dinner
夕食をとる

have a meeting **have a dream**
会議をする 夢を見る、夢がある

have a lesson
レッスンを受ける

have an appointment
約束がある

have a talk
話をする

have a seat
座る

have a coffee **have a shower**
コーヒーを飲む シャワーを浴びる

have a party
パーティーを開く

have a break
ひと休みする

have a haircut
髪を切ってもらう

わんわんメモ🐾

◎ dinner, breakfast, lunchには基本的に冠詞がつきません。ただし、食事の内容に目が向くときは冠詞がつくことがあります。

例文 Have a nice dinner! （ディナーを楽しんで！）

◎ have a coffeeのcoffeeは不可算名詞（数えられない名詞）のため本来であれば a cup of coffee（コーヒーを一杯）と表現しますが、口語ではhave a coffeeという表現が日常的に使われています。

● have を使った英熟語

have trouble ～ ing
～するのに苦労する

The staff is having trouble doing work because Mr. Tanaka accidentally deleted our files.
田中さんが誤って私たちのファイルを削除してしまったので、スタッフの仕事に支障をきたしている。

have trouble with
で苦労する

Are you having trouble with that question?
その質問でお困りではないですか？

have something to do with
と何か関係がある

The main reason why he can't trust people has something to do with his childhood trauma.
彼が人を信用できない主な理由は、彼の幼少期のトラウマが関係している。

have nothing to do with
と関係がない

That newbie has nothing to do with the error on the system.
その新入社員はシステムエラーには関与していません。

● have を使った日常会話表現

Can I have a coffee, please?
コーヒーをください。

Do you have Wi-Fi here?
Wi-Fiはありますか？

😀 注文時にもhaveが使えます

You have my word.　約束するよ。

Have a nice day!
Have a good one!
よい一日を!

Have a nice weekend!
よい週末を!

😀 答えるときは、Thank you. You too.
（ありがとう。あなたもね。）などが一般的です

let 🐾 自由に、望んでいることを させる

人に使われることが多いletですが、"Let it go.（放っておく。）"など人以外にも
使えます。

Let me in.
私も入れて。

Let me explain.
説明させて。

Let me think.
考えさせて。

Let it be.
成り行きに任せる。

Let me see.
そうですねぇ…。

Let it go.
（他者の言動に対して）
放っておく、諦める。

Let me out.
外に出して。

Let me know.
知らせて。

● letを使った日常会話表現

Don't let me down.
がっかりさせないで。

Let me ask you a question.
1つ質問をさせて。

Let me give you some examples.
いくつか例を紹介します。

● 使役（～させる）動詞の使い分け

make
力をくわえて作る

Can you make me feel secure when I'm with you?
一緒にいるとき、私を安心させてくれる？

While we were still a trainee at this company, our boss told us to always make our clients happy.
私たちがまだこの会社で研修生だったとき、上司から「常にお客様を幸せにするように」と言われた。

She should make her boyfriend stop drinking too much.
彼女はボーイフレンドに酒の飲みすぎをやめさせるべきだ。

have
そうした状況を持つ

Akira had his bedroom wall painted blue the other day.
アキラは先日、寝室の壁を青く塗ってもらった。

At a famous tailor shop, Mr. Murata had a suit made just for his concerto.
有名な仕立て屋さんで、村田さんは彼の協奏曲のためだけにスーツを作ってもらった。

Kunimi had his nails trimmed short since he plays volleyball.
国見はバレーボールをしているので爪を短く切った。

let
（自由に）～させる

We should let our manager decide what's the best thing to do.
何が最善策かは運営者に決めさせるべきだ。

Let us talk with the clients this time as the developers.
今回は開発者として私たちにクライアントの方々とお話をさせてください。

We should let the newcomers do the opening presentation.
新人たちにオープニングのプレゼンテーションをやらせるべきだ。

動詞編

hold 🐾 力をかけて保っている

形のあるものだけではなく、「line（電話の線）」など状況、「party（パーティー）」などイベントを保つ（開く）ときにも使えます。

hold the door for
のためにドアを押さえる

 hold a patent
特許を保有する

hold someone accountable for〜
（人）に〜の責任を取らせる

 物を保つ

hold the line
電話を切らずに待つ

hold a party
パーティーを開く

状況を保つ

hold one's tongue
黙っている

イベントを保つ

hold a meeting
会議を開く
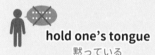

hold it
（そのまま）待つ

hold an election
選挙を行う

● hold を使った英熟語

hold on
（少し）待つ

Oh no! Hold on, I forgot something back at my house.
あ！ちょっと待って、家に忘れ物をしたの。

hold off on
を先送りする

I have to hold off on the wedding invitations.
結婚式の招待状は先送りしなければならない。

hold back
を思い留まる

Kyoko had to hold back her tears after breaking up with her boyfriend yesterday.
京子は昨日ボーイフレンドと別れたあと、涙をこらえなければいけなかった。

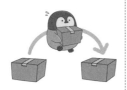

hold over
を持ち越す

The author will have to hold over the book announcements till next time.
著者は次回まで本の告知を見合わせることになりそうです。

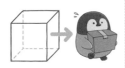

hold out
を差し出す、提供する

Asahi held out his hand.
旭は手を差し出した。

hold down
を（下に）押さえておく、抑える

I need to hold down these papers or else the wind would scatter them.
これらの書類を押さえておかないと、風に飛ばされてしまう。

hold up
を持ち上げる、持ちこたえる

I can't hold this shelf up for much longer, someone help me.
この棚をもうこれ以上長くは持てない、誰か助けて。

hold together
をまとめる、まとまる

Tell them to use the glue to hold together the wood.
木材を接着剤で固定するように伝えてください。

keep 🐾 持ち続ける

形のあるものだけでなく、「quiet（静かな）」など状態、「saying（言うこと）」など行動を続けるときにも使えます。

keep pace
足並みをそろえる

keep one's distance
距離をあける

状態を持ち続ける

行動を持ち続ける

keep quiet
静かにしている

keep going
やり続ける

keep one's word
約束を守る

keep saying
言い続ける

もの・言葉を持ち続ける

Keep the change.
お釣りはとっておいて。

keep a secret
秘密を守る

● keep を使った日常会話表現

Please keep in mind that ～
～ということを覚えておいてください。

Let's keep in touch.
連絡を取り合いましょう。

I'm sorry to have kept you waiting.
お待たせしてすみません。

Please keep me posted.
何かあったら教えてください。

● keep を使った英熟語

keep it up!
その調子で、がんばって！

Good job. keep it up!
よくやったね。その調子で、がんばって！

keep an eye on
から注意の目をそらさない

You should tell the guard to keep an eye on that sketchy person.
その怪しい人を注意して見ておくように警備員に言った方がいい。

keep back
後ろに下がっている、を隠す

Please keep back. This area is dangerous.
後ろに下がっていて。この辺りは危険なの。

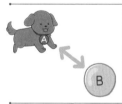

keep A from B
A が B するのを防ぐ

Keep Kageyama from studying too much.
影山が勉強しすぎないようにして。

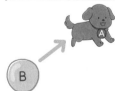

keep A away from B
A を B から遠ざける

Could you keep the cat away from the dog before they fight?
喧嘩する前に猫を犬から遠ざけてもらえませんか？

keep up with
に（遅れないように）ついていく

You should exercise more to keep up with us.
私たちについてこられるように、もっと運動した方がいい。

look 目を向ける

「look at (に目を向ける)」「look down (下を見る)」「look up (見上げる)」のように、前置詞や副詞と組み合せて目を向ける先を表すことができます。

目を向ける

Look at the picture.
その絵を見て。

(〜のように)見える

You look great.
元気そうだね。

● watch / see / look の使い分け

watch の目線
動いているものを見る

例 watch TV (テレビを見る)

see の目線
目に入る

目に入るというところから、"I see your point. (言いたいことはわかったよ。)"というような使い方もあります。

look の目線
止まっているものを見る

例 look at the schedule (予定表を見る)

わんわんメモ

「(映画館で) 映画を観る」は、スクリーンが大きくて映像が自然と目に入ってくるので、「see a movie」と表現することが多いです。

● lookを使った英熟語

look after
の世話をする

They will look after the flowers.
彼らは花の世話をしてくれます。

look around
見て回る

Look around before you cross the street.
通りを渡る前に周りを見なさい。

look up to
を尊敬する

My father is a person I look up to.
父は私が尊敬する人物です。

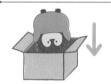

look into
を調査する

I'll look into the data you sent me.
送ってもらったデータを調べてみます。

look over
にざっと目を通す

Shin said he would look over it later.
シンはあとでざっと目を通すと言った。

look through
をのぞきこむ、に目を通す

Sarah looked through the telescope.
サラは望遠鏡をのぞきこんだ。

look down on
を見下す

Masters always look down on their slaves.
主人らはいつも奴隷たちを見下す。

break 🐾 壊す

形のあるものだけでなく、「law（法律）」「silence（沈黙）」「promise（約束）」など
いろいろなものを壊します。

break the silence
沈黙を破る

break a law
法を破る

break down
故障する

break the news
ニュースを伝える

break ground
着工する

break someone's heart
（人）の心を打ち砕く

break a record
記録を破る

break the ice
場を和やかにする

break one's promise
約束を破る

わんわんメモ📝

語源編の復習で、unbreakableの意味を推測してみましょう。

答えは un（否定）＋ break（壊す）＋ able（できる）＝「壊れない」

例文 A promise is unbreakable.

約束は破ることができないものです。

● break を使った英熟語

break out
脱走する、急に起こる

The prisoner broke out of the prison yesterday.
その囚人は昨日刑務所から脱走した。

break up
別れる

I hope you don't break up with him.
あなたが彼と別れないことを願っています。

break down in tears
泣き崩れる

My friend broke down in tears after her breakup.
友だちは破局して泣き崩れた。

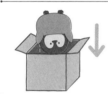

break in
侵入する、を使い慣らす

Since the break-in, we've had all our locks changed.
侵入されてから、鍵を全部変えてもらった。

🕐 この例文では名詞として「break-in」が使われています。

break into
に侵入する

The robber broke into our house.
強盗が私たちの家に侵入した。

break through
を打ち破る

Protesters tried to break through a police station.
デモ隊は警察署を突破しようとした。

わんわんメモ

breakfastは、「break（破る）＋fast（断食）」で「朝食」です。

163

get 🐾「ない」から「ある」へ

形のあるものだけではなく、「dark（暗い）」「job（仕事）」「sick（病気）」など、形のないものや状況が「ない」から「ある」状態になるときにも使えます。

get a letter
手紙を貰う

get it
理解する

get a call
電話がある

get dark
暗くなる

get drunk
酔う

get ready
準備する

get married
結婚する

get sick
病気になる

get a job
就職する

● 乗り物に乗る／降りるの使い分け

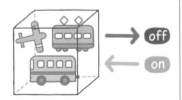

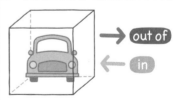

get on ／ get off

電車・バスなど中を歩き回れるもの、またはバイクなど上に乗るものに乗る／降りる

get in ／ get out of

車に乗る／降りる

●getを使った英熟語

get in the way
邪魔になる

Nothing could get in the way of Ushiwaka when practicing.
練習中の牛若を邪魔できるものは何もなかった。

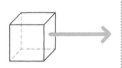

get out
出ていく

Could you tell them to get out? They are disturbing the neighbors.
彼らに出ていくように言っていただけませんか？近所迷惑です。

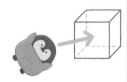

get into
に熱中する

I wonder how you got into that hobby.
あなたはどうやってその趣味にハマったのだろう。

get over
を乗り超える

Get over the wall to reach the ball.
ボールを取るために壁を乗り越えなさい。

get along with
と仲良くやる

Everyone in class gets along with the professor.
クラスの全員が教授と仲良くしている。

get away
離れる

Don't think you could get away with what you've done.
そんなことをしてただで済むと思うなよ。

動詞編

put 🐾 置く

ただものを置くだけではありません。ものを入れたり、貼る場合にも使えます。
また「blame（非難、責任）」など、もの以外も置くことができます。

もの を 置く

I put the book you wanted on the table in your room.

あなたの部屋のテーブルに、
欲しがっていた本を置いてあげたよ。

入れる

This is a test, so put everything in your bag, except your pencil and rubber eraser.

これはテストなので、
鉛筆と消しゴム以外は
かばんに入れなさい。

貼る

This poster is weird; better not put it on the wall.

このポスターは気味が悪い。
壁に貼らない方がいい。

もの以外を置く

Recently, foreign language educators put more importance on speaking than writing.

近年、外国語教育者たちは書くことより
も話すことを重視している。

People always want to put the blame on someone if something goes wrong.

人は何かがうまくいかないと、
いつも誰かのせいにしたがる。

At the moment, I am putting my priorities on mathematics.

今のところ、私は数学を
優先している。

● putを使った日常会話表現

I've put on weight recently.
最近太ってきた。

I'm putting on makeup.
私は今、化粧中です。

Put yourself in my shoes.
私の身にもなって。

● put を使った英熟語

put on　を身に着ける

Sometimes, you have to put on a friendly face, even if you don't like your opponent.
時として、相手のことが気に入らなくても友好的な顔をしなければならない。

put off　を延期する

I have to put off next week's meeting for personal reasons.
一身上の都合で来週の打ち合わせを先延ばししなければなりません。

動詞編

put aside
を脇に置く

I sometimes wish people would just put aside their differences and work together for the sake of everyone.
私はときどき、人々は違いを脇に置いて皆のために協力すればいいのにと思うことがある。

put ～ through（人）
～からの電話を（人）につなぐ

Mao, can you put Mr. Nakamura through the sales department call?
まおさん、中村さんを営業部の電話につないでくれないかな？

put ～ back
～を元の場所に戻す

You better put that filthy piece of cloth back where you found it.
その不潔な布切れを見つけた場所に戻した方がいい。

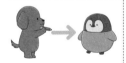

put across
をうまく伝える

Hinata was trying to put across an important matter.
ひなたは大事なことをうまく伝えようとしていた。

put away
を片付ける

You may go home only after you have finished putting away everything.
すべて片づけ終わった場合のみ帰宅してよい。

turn 🐾 回る

ただ回るだけではなく、向きを変える場合や、色の変化にも使えます。
また名詞で「順番」という意味でもよく使われます。

色の変化 🍁

Yachi's lips are turning blue! Is she alright?

谷地の唇が青くなってきている！ 大丈夫かな？

The leaves are turning red. It must be fall.

葉っぱが赤くなってきました。
秋なのでしょうね。

回る

Can you turn the timer clockwise?

タイマーを時計回りに
回してくれませんか？

向きを変える

Iwaizumi sighed and turned away without looking back.

岩泉はため息をついて、振り返る
ことなく背を向けた。

順番（名詞）

Atsumu and Osamu always take turns doing the cleaning.

侑と治はいつも交代で掃除をする。

It's my turn to show and tell my favorite thing in front of the class.

Show & Tell（クラスの皆の前で自分の好き
なものを見せて説明する発表）は私の番だ。

● turn を使った英熟語

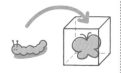

turn into
に変化する

He will turn <u>into</u> a prince once a princess kisses him.
お姫様にキスされたらすぐに彼は王子様に<u>変身</u>します。

turn in
を提出する

Don't forget to turn in your papers and assignments.
論文や課題を忘れずに提出してください。

turn out
(の) 結果になる

Their game didn't turn out as planned.
彼らのゲームは予定通りにはいかなかった。

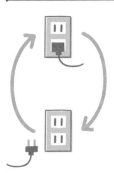

turn on
をつける

Did Kageyama turn on the light switch in the kitchen?
景山は台所の照明スイッチを入れたのかな？

turn off
を消す、止める

Could you please turn off the valve before you leave?
去る前にバルブを閉めてもらえませんか？

turn over
をひっくり返す

Did you guys already turn over your test papers?
君たちはもう試験用紙を裏返したのか？

turn around
方向転換する

Please turn around. I need to check the price tag on that jacket.
(試着室で) 後ろを向いて。そのジャケットの値札を確認したいの。

turn down
を却下する

I heard the manager turn down Rae's offer.
マネージャーがライのオファーを断ったと聞いた。

give 🐾 与える

形のあるものだけではなく、「speech（スピーチ）」「reason（理由）」「chance（機会）」など、いろいろなものを与えます。

give a reason
理由をつける

give birth
出産する

give an example
例を挙げる

give a speech
スピーチする

give access to
への立ち入りを許可する

give me a break
勘弁して

give someone a ride
（人）を車で送る

give someone a chance
（人）に機会を与える

give someone a hand
（人）に手を貸す

● give を使った日常会話表現

Give it a try!
やってみなよ！

Could you give me an example?
例を挙げていただけませんか？

Give me a second.
ちょっと待って。

😊 普段の会話でも「例えば・・・?」と
尋ねることはありませんか？

●giveを使った英熟語

give up on
を見限る、断念する

I've given up on my dreams of becoming a pilot.
私はパイロットになる夢を諦めた。

give over to
に任せる、譲る

I'm giving this rubber duck over to my friend, Steve. He likes ducks.
このゴム製のアヒルを友だちのスティーブにあげるの。彼はアヒルが好きなの。

give back
を返す

Please, can you give back my cat? I want to pet it.
お願いだから、私の猫を返してくれませんか？ 撫でてあげたいです。

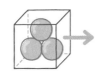

give out
を配る

They are giving out pamphlets about sustainable gardening.
彼らは持続可能なガーデニングのパンフレットを配っている。

give off
（光・熱・においなど）を出す

The perfume gave off a fragrant flowery scent.
その香水は花のような香りを放っていた。

give away
を贈る、（秘密など）を漏らす

They are giving away free ice cream at the party.
彼らはパーティーで無料のアイスクリームを配っています。

do 🐾 便利屋

用法の多いdoは使いこなせると便利です。そんなdoのイメージは、便利屋さん。いろいろなことを手伝います。

否定文を作る

He does not want my help.
彼は私の助けは欲しくない。

疑問文を作る

Does she like ramen?
彼女はラーメンが好きなの？

強調する

I do care about him.
私は本当に彼を気にかけている。

運動や仕事の名詞とあわせて動詞として使う

Could you ask Tsukishima to do the dishes today?
月島に今日皿洗いをするよう頼んでもらえませんか？

Please do a lot of work whilst the manager is gone.
店長がいない間にたくさん仕事をしてください。

代名詞・代動詞

Yes, I do.
はい。そうです。

Don't do that.
やめてください。

Yuya does that once in a while.
ユーヤはたまにそれをする。

● do を使った日常会話表現

Just do it.
やってみろ。

I'll do it.
私がやります。

You should do it yourself.
それは自分でやるべきだよ。

● スポーツにおける play / do / go の使い分け

play
球技

She plays tennis with her friends.
彼女は友人たちとテニスをします。
例 play soccer, play baseball

do
道具を使わないスポーツや格闘技

Do exercises to stay fit during the summer!
夏の間に健康を維持するために運動しよう！
例 do exercises, do karate, do yoga

go
〜 ing の場合

Do you want to go swimming with me?
私と一緒に泳ぎに行かない？
例 go skiing, go fishing

● ゲームにおける play と do の使い分け

play
競いごとのあるゲーム

Come and play poker with us later tonight!
私たちと一緒に今夜ポーカーをしよう！
例 play chess

do
競わないゲーム

Let's do a puzzle together to pass the time.
暇つぶしに一緒にパズルをしよう。

わん！Point lesson ③ 状態を表すbe動詞とgetの違い

それぞれ少しずつニュアンスが違うのでおさえておきましょう。be動詞は状態を表し、getは状態の変化（「ない」から「ある」へ、164ページ参照）を表します。

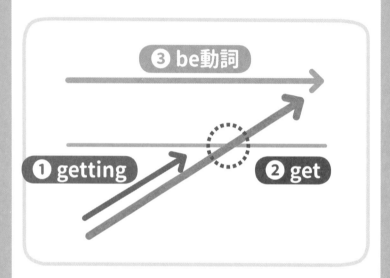

❸ be動詞

❶ getting

❷ get

❶ getting	❷ get	❸ be動詞
その状態に近づく	その状態になる	状態

❶ getting
その状態に近づく

I am <u>getting</u> tired.
疲れてきた。

❷ get
その状態になる

I <u>got</u> tired.
疲れた。

❸ be動詞
状態

I am tired.
疲れている。

I am <u>getting</u> used to hot weather.
暑い気候に慣れてきた。

I <u>got</u> used to hot weather.
暑い気候に慣れた。

I am used to hot weather.
暑い気候に慣れている。

5文型のイメージ

この章で紹介した動詞が、いろいろな文の形の中で使われていることに気がついたと思います。文法の基本として、5文型もイメージで覚えておくと理解がしやすくなるのでおさえておきましょう。

第1文型（SV）

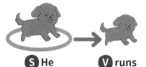

S He　　　**V** runs

主語（S）と動詞（V）のみの文章です。
まずは主語に焦点があたり、次に動詞へと移動します。

第2文型（SVC）

S He　**V** is　**C** an office worker

主語（S）と動詞（V）に補語（C）がつきます。補語とは主語が「何か」「どういう状態か」「どういうものか」を説明する語のことです。第2文型では、主語と補語は動詞によってイコール関係になります。

第3文型（SVO）

S He　**V** has　**O** A

主語（S）と動詞（V）に目的語（O）がつきます。
目的語は「何を」を示します。

第4文型（SVOO）

S He　**V** gives　**O** him　**O** A

主語（S）と動詞（V）のあとに目的語（O）が2つ続きます。2つの目的語は「誰に」「何を」の順番に並べます。

第5文型（SVOC）

S He　**V** makes　**O** him　**C** happy

主語（S）と動詞（V）のあとに、目的語（O）と補語（C）がつきます。
目的語と補語はイコール関係になります。

英語を英語で理解するには？

英語を勉強するにあたり、英語と日本語の違いを知ることは大切です。その中でも「語順の違い」について理解しておくと勉強を進めやすくなります。

下の英語と日本語を比較してみてください。

語順の違いの例

I play baseball on weekends.
❶ ❷ ❸ ❹

私は週末に野球をする。

基本的な英語の語順は❶主語 ❷動詞 ❸目的語 ❹その他情報（場所・時間など）となっており、後ろに情報を足していく形となります（ほかの語順になるときもありますが、ここでは説明のために単純化しています）。

英語と日本語をこのように見比べると、言葉の順番がかなり違うことがわかります。

英語を語順通りに理解しようとするとはじめは苦戦するはずです。

なぜなら、英語に慣れていない人は無意識に日本語の順番で英語を読んでいるからです。

目線は❶I ❹on weekends ❸baseball ❷play と不自然な動きをします。聞くときも同様で、一度聞いた英語を頭の中で整理して日本語に直す作業をしています。

語順通りに英語を英語のまま理解するために、以下の2つの方法をおすすめします。

❶英語を日本語に変換しない

動詞編の図解のように、英単語をイメージと合わせて理解しておくと、いちいち日本語に変換をする必要がなくなります。

❷音読をして英語を語順通りに理解する

音読をすると英文を前から順番に読むことになるので、自然と英文を語順通りに理解できるようになります。

4章

助動詞編

意味を混同しやすい助動詞です
が、それぞれにイメージがあります。
イラストとセットでその助動詞が
持つイメージと関連させれば、会
話時に迷いなく使い分けることが
できるはずです。

will ・ 意志(するつもりだ)

willは未来を表すだけではありません。「意志」の意味から広がって、「予測」「習性・習慣」「依頼・提案」を表すことができます。

Did you finish your homework?
宿題終わったの？

I will, I will.
今からやるよ！

意志

予測 だろう	習性・習慣 するものだ	依頼・提案 してくれませんか？
I want to go to the park. 公園行きたい。	I spilled juice on the floor. ジュース こぼしちゃった。	Will you bring tea from the fridge? 冷蔵庫から お茶持ってきて。
Sorry, I'm cooking now, but daddy will take you there. ごめん、料理してるからだめ、パパが連れていってくれるよ。	Don't worry, accidents will happen. 大丈夫、事故はおこるものだよ。	Sure. わかった。

わんわんメモ

"Where there is a will, there is a way. (意志のあるところに道あり。)"のように、willを名詞として使う場合もあります。

未来を表す will と be going to の違い

未来を表すwillとbe going toもイメージとあわせて覚えると便利です。willは話している時点で決まる未来、be going toはすでに向かっている未来です。

助動詞編

will
話している時点で決まる未来

There is no milk left in the fridge. I will go buy milk.

冷蔵庫に牛乳が残っていません。牛乳を買いに行きます。

☺ 話している時点で「牛乳が残ってない➡買いに行こう!」と未来が決まったのがわかります

be going to
すでに未来に向かっている

I am going to go buy milk because there is no milk left in the fridge.

冷蔵庫に牛乳が残っていないので、牛乳を買いに行きます。

☺ 話すときにはすでに買いに行くこと（未来）が決まっています

わんわんメモ

ネイティブと話していると、くだけた表現を耳にすることがよくあります。なかでも、会話で頻出の省略表現 gonna, wanna, gotta を覚えておくと便利です。gonnaは「going to（するつもりだ）」、wannaは「want to（したい）」、gottaは「(have) got to（しなければならない）」を短縮したものです。

can 🐾 可能性

canは「できる」と覚えている人が多いのではないでしょうか。根底には「可能性」の意味があり、そこから「能力」「許可」「依頼」へと広がります。

I messed up!
やっちゃった！

Anybody can make a mistake.
誰だって失敗することあるよ。

可能性

能力 できる	許可 してもよい	依頼 してくれませんか？
I can do better. 私はもっと上手くできる。	You can use my computer. ぼくのパソコン使っていいよ。	Can you come with me to the shopping mall? ショッピングモールに一緒に来てくれない？

わんわんメモ 🐾

canは「してください」というニュアンスになる場合もあります。

You can count on me.（任せてください。）

may ● 力がある

mayは「かもしれない」と訳すだけではありません。「力がある」から与えられる「許可」へと意味が広がり、「推量」「祈願」「許可を求める」場合にも使えます。

You may not use the camera flash.
カメラのフラッシュを使ってはいけません。

Sorry, I'll be careful from now on.
すみません、これから気をつけます。

力がある＝許可

推量 かもしれない	祈願 しますように	許可を求める してよろしいでしょうか？
It may sound strange, but it's true. 奇妙に聞こえるかもしれないけど、本当なんだよ。	May your dreams come true! 夢が叶いますように。	May I have your name, please? お名前を伺ってよろしいですか？

😊 そうであってもよい。そうでなくてもよい。だから確信度は50%

Thanks!
ありがとう！

😊 目上の人に許可を求める場合にmayを使います

助動詞編

must 🐾 義務・命令

mustは「しなければならない」と習いましたね。「義務・命令」から「確信」「強い勧誘」を表すこともできます。またnotがつくと「禁止」を意味します。

You're still here?
まだ残っているの？

I must submit this paper by the end of the day.
今日中にこの書類を提出しなければならないんだ。

義務・命令

確 信 に違いない	強い勧誘 ぜひ～して	not がついて禁止 してはいけない
I heard you just came back from Japan. You must be tired. 日本から帰ってきたばかりと聞いたよ。疲れているでしょう。	You must try this restaurant when you come to Vietnam. ベトナムに来たらこのレストランに行ってみてね。	We must not go there. 私たちはそこに行ってはいけない。

わんわんメモ

mustは形容詞として使われることもあります。
・must-read（必読書）　・must-have（マストアイテム）

否定・過去の must と have to の違い

mustを否定や過去形で使う場合には注意が必要です。違いをおさえる上でhave toとあわせて覚えるとわかりやすいです。

助動詞編

否定文

must not
してはいけない（禁止）

We must not go there.

私たちはそこに行ってはいけない。

do not have to
する必要はない

We do not have to go there.

私たちはそこに行く必要はない。

過去形

must have p.p.(過去分詞)
だったに違いない

He must have gone home.

彼は家に帰ったに違いない。

had to
しなければならなかった（過去分詞）

He had to go home.

彼は家へ帰らなければならなかった。

わん！Point lesson ⑤ 助動詞の過去形のイメージ

willとwould、canとcouldなど、よく混合される過去形の助動詞ですが、現在形と大きな違いがあります。それぞれをイメージで覚えておくことで混合を防げます。

現在

過去

過去形は、「現在からの時間軸の遠さ」を持ちます。「遠さ」があると、助動詞の意味は直接的ではない言葉に変わります。

たとえば、canよりもcouldを使った質問が丁寧になり、willよりもwouldの確信度は低くなります。

この本ではイメージしやすいように、雲のようなイラストと一緒に過去形を「もくもく」したものと表現しています。
このイメージを持っておくと、助動詞の使い分けをするときに楽になります。頭の片隅に置いておきましょう。

わんわんメモ

英語の仮定法ではなぜ過去形が使われるのか、気になったことはありませんか？　それは過去形がハッキリしたものではなく、
「もくもく」したものだからです。

例文 If I were a bird, I would fly to you.

もし私が鳥だったら、あなたのもとへ飛んでいくのに。

could 🐾 もくもくした可能性

couldはcanよりも低い可能性を表します。そこから、「過去の能力」「canよりも丁寧な許可や依頼」にも使われます。

助動詞編

I'm afraid our team is about to lose.
チームが負けそうだよ…。

It could be true, but there is a slim hope.

そうかもしれないけど、かすかな望みはあるよ。

もくもくした可能性
かもしれない

過去の能力 できた	丁寧に許可を求める してもよろしいですか？	丁寧な依頼 していただけませんか？
He could run fast when he was young. 彼が若いときは、早く走ることができた。	Could I borrow your pen? ペンをお借りしてもよろしいですか？	Could you give me a hand? 手を貸していただけませんか？

わんわんメモ

couldは "I wish I could speak English.（英語を話せたらいいのに。）"というように、「I wish I could〜」の形で使われることも多いです。

May I / Could I / Can I ～？ の違い

許可を求める May I～? / Could I～? / Can I～? は少しずつニュアンスが違います。ここまで読めば、なんとなくイメージがつかめるはずです。

目上の人に許可を求める may	丁寧に許可を求める could	直接的な聞き方の can

May I have your name?
お名前をお伺いしてもよろしいですか？

Could I borrow your car?
車をお借りしてもよろしいですか？

Can I borrow your pen?
ペンを借りてもいい？

😊 ちょっと丁寧にしたいときは、pleaseを文末につけましょう
Can I borrow your pen, please?

😊 自分より立場が上の人に使います

😊 直接的にcanと言いにくい場合に使います。頼みづらいお願いをするときなどは、友達や家族・同僚に使うこともあります

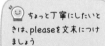
😊 友人や家族、同僚に気軽に頼むときに使います。店員に使うケースも多いです

わんわんメモ

これらの違いを覚えておくと、必要以上にmayを使ったり、逆に丁寧さが必要な場面でcanと言ってしまうことがなくなります。

「できた」と訳す could と was/were able to の違い

「できた」を表現したいときにcouldを使えないケースがあります。couldと同じく「できた」と訳すwas/were able toとの違いをおさえておきましょう。

could
❶ 過去の能力として「できた」

I could play tennis well when I was young.

私は若いときは上手にテニスをすることができた。

He could run fast when he was young.

彼は若いときは早く走ることができた。

❷ 感覚・精神の動詞
(hear, understandなど)とセット

I could hear a faint noise.

かすかな物音を聞くことができた。

was/were able to
過去に1回だけ「できた」

I was able to go there yesterday.

私は昨日そこに行くことができた。

I was able to sleep well yesterday.

私は昨日よく眠ることができた。

否定文はどちらを使っても OK

I could not go there.
I was not able to go there.

} 私はそこへ行くことができなかった。

わんわんメモ

もし"I could get some sleep on the plane."と言った場合、聞き手は「私は飛行機の中で少し寝ることができた。」と「私は飛行機の中で寝るかもしれない（185ページ参照）。」という2通りの解釈ができてしまいます。混乱を避けるため、過去に1回だけできたという場合には was/were able to を使います。

would もくもくした推量

wouldはwillよりも、もっと漠然とした「もくもく」したものです。willよりも確信度の低い「推量」から、「過去の習慣」「丁寧な依頼」「願望」へと広がります。

I talked to a salesperson who has a mustache yesterday.
昨日、髭を生やした販売員と話しました。

That would be Sam.
サムじゃないかな。

もくもくした推量
だろう

過去の習慣	丁寧な依頼	願望
以前は〜したものだった	していただけませんか？	したい(would like to)

過去の習慣
Every time my grandma visited, she would read a story to us.
おばあちゃんは遊びに来るたびに、よく物語を読んでくれたなぁ。

丁寧な依頼
We are fully booked today. Would you be able to come in tomorrow?
本日は予約がいっぱいです。明日お越しいただくことはできますか？

願望
I'm so tired today. I would like to get a massage.
今日は本当に疲れた。マッサージ受けたいなぁ。

過去の習慣を表す would と used to の違い

よく混合される過去の習慣を表すwouldとused to。
それぞれをイメージで覚えておくことで区別しましょう。

助動詞編

would
したものだ

used to
以前は～

過去

現在

When I was young, I would often play baseball.

私は若い頃、よく野球をしたものだった。

I used to be an engineer, but now I am an accountant.

私は以前技術者でしたが、今は会計士です。

☺ 過去の状態を表す場合はwouldは使えません

例：私は技術者だった。

✗ I would be an engineer.

◎ I used to be an engineer.

☺ 今とは違う過去と現在との対比に使えます

わんわんメモ🐾

174ページを見直して、be used toとget used toの意味を再確認しておきましょう。used toとの違いを区別して覚えておくと便利です。

189

should 🐾 指し示す

shouldは日本語訳を「すべき」と暗記したかもしれません。行動を「指し示す(推奨)」意味から、「推測」「可能性が低い仮定」「意外・驚き」にも意味が広がります。

It's getting cloudy.
曇ってきた。

We should bring an umbrella just in case.
念のため、傘を持っていったほうがいいよ。

指し示す＝推奨

推 測 のはずだ	可能性が低い仮定 万一〜すれば、ならば	意外・驚き 〜なんて

Excuse me, but he hasn't arrived yet.

すみませんが、彼がまだ着いていません。

Should you have any questions, please feel free to contact us.

もし何か質問があるようであれば、遠慮なくお知らせください。

She said she would quit.

彼女はやめると言いました。

He left the office half an hour ago, so he should be there very shortly.

彼は30分前に会社を出たので、もうすぐそちらに着くはずです。

I was surprised that she should say such a thing.

彼女がそんなことを言うなんて驚きました。

should と be supposed to の違い

「するべき」「するはず」「するもの」の日本語訳に惑わされている人も多いと思います。ここでshouldとbe supposed toの違いを整理しておきましょう。

助動詞編

should
するべき

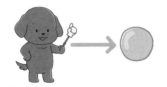

You should study more.
あなたはもっと勉強するべきだよ。

😊 過去形

You should have studied more.
あなたはもっと勉強するべきだった。

be supposed to
するはず、するもの

I am supposed to go shopping with my friends tomorrow, but I have to study English.
私は明日友達と買い物に行くことになっているが、英語の勉強をしなければならない。

😊 過去形

I was supposed to go shopping with my friends yesterday.
私は昨日友達と買い物に行くはずだった(が、行かなかった)。

わんわんメモ！

be supposed toはこんな場合にも使えます。

・You are not supposed to smoke at school.
学校ではタバコを吸ってはいけないはずだ。

・Vitamin C is supposed to cure the common cold.
ビタミンCは風邪を治すと考えられている。

英会話の学習には「英語でひとりごと」がおすすめ

　この本を手に取る読者の皆さんの中には、英語の試験勉強だけではなく、英会話の上達方法が気になる人も多いのではないでしょうか。

　もっとも簡単で効果が高かった英会話の練習方法の1つに「英語でひとりごと」があります。場所や時間を選ばずに自分のペースでアウトプットの練習ができます。

　以下の例のように、今日1日のできごとや今の感情を口に出してみましょう。簡単な英語から始めることがポイントです。

簡単なひとりごとの一例

❶ I woke up at 8 a.m.
8時に起きた。

❷ I went to the office.
事務所に行った。

❸ I had a lot of paperwork today.
今日は事務処理がいっぱいあった。

❹ I'm tired.
疲れた。

❺ I will go shopping this weekend.
週末買い物に行く。

　まずは辞書を使わずに、声に出してみます。そして思い浮かばなかった単語をあとで調べます。これを繰り返すことで、自分の日常について英会話のアウトプットができます。慣れてきたら徐々に長いひとりごとに変えていきましょう。

　ほかにも「目の前の景色を英語で表現する」「実際の場面を想定して、ひとりごとで自己紹介をする」というのもおすすめです。

5章

語彙編

まとめて覚えると便利な英単語と
英会話フレーズを集めました。
1章から4章で把握したイメージが
役に立つものも多いはずです。
明日からどんどん使ってみましょう。

わんわんミニ英単語帳

図解を使って整理した形でインプットしておくと、まとめて英単語を覚えることができます。同じテーマの英単語をセットで覚えましょう。

●複数になると意味が変わる単語

 arm 腕 　　腕が集まると… → 　 **arms** 武器

 force 力 　　力が集まると… → 　 **forces** 軍隊

work 仕事 　　仕事が集まると… → 　 **works** 作品

 good 良い 　　良いが集まると… → 　 **goods** 商品

 interest 興味 　　興味が集まると… → 　 **interests** 利益

 manner 方法 　　方法が集まると… → 　 **manners** 態度

 time 時間 　　時間が集まると… → 　 **times** 時代

わんわんメモ

「興味が集まると利益になる」という発想がおもしろいですよね。

語彙編

I am...

moved
心動かされている

I am...

bored
退屈している

I am...

excited
ワクワクしている

I am...

scared
怖い

I am...

pleased
嬉しい

I am...

irritated
イライラしている

I am...

touched
感動している

I am...

confused
混乱している

I am...

satisfied
満足している

I am...

depressed
落ち込んでいる

I am...

surprised
驚いている

I am...

disappointed
がっかりしている

I am...

impressed
感心している

I am...

embarrassed
恥ずかしい

> **わんわんメモ**
> 感情が起こる原因
> は外からやってく
> るので受動態にな
> ります。

● 頭につけるだけで使える副詞

literally	actually	basically	honestly
文字通り	実は	基本的には	正直なところ

seriously	hopefully	apparently	unfortunately
真面目に	だといいね	見たところ〜の ようだね	残念だけど

● 果物を使った表現

cherry-pick	go bananas	in a nutshell	bad apple
良いものだけを 選ぶ	気が狂う	要するに	悪影響を与える人

cool as a cucumber	apples and oranges	a second bite at the cherry	apple polisher
落ち着き 払っている	（比較できない） 異なるもの	二度目の チャンス	ごますり

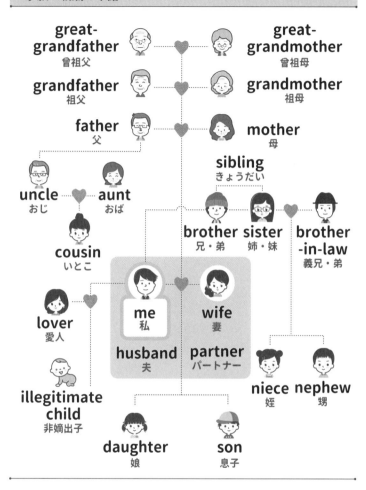

great-grandfather
曾祖父

great-grandmother
曾祖母

grandfather
祖父

grandmother
祖母

father
父

mother
母

sibling
きょうだい

uncle
おじ

aunt
おば

brother
兄・弟

sister
姉・妹

brother-in-law
義兄・弟

cousin
いとこ

me
私

wife
妻

husband
夫

partner
パートナー

lover
愛人

niece
姪

nephew
甥

illegitimate child
非嫡出子

daughter
娘

son
息子

わんわんメモ🐾 その他教科書に載っていない家族の表現

・ stepbrother/sister　再婚相手の連れ子、義兄弟/姉妹

・ half brother/sister　異母（父）兄弟/姉妹

・ adopted child　養子

197

頻出単語の図解

簡単な単語ほど使い勝手が良く、いろいろな言い回し方に応用できます。
ここでは覚えておくと便利な、頻出単語を含む表現をいくつか図解します。

● word（言葉）

in a word	in other word	word by word
ひとことで言えば	言い換えれば	一語一語

word of mouth	keep one's word 約束を守る You have my word. 約束するよ。	break one's word
口コミ		約束を破る

● hand（手）

first-hand 直接の second-hand 中古の	on the other hand	handout 資料・サンプル hand out を配る
	その一方で	

hand over	hand in	Could you give me a hand?
を引き渡す	を提出する	手伝ってくれませんか？

• room（スペース）

have **room** for dessert	**room** for discussion	room for doubt
デザートは別腹である	議論の余地	疑いの余地

room for milk	**room** for improvement 改善の余地	make **room** for
	 room for growth 成長の余地	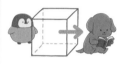
ミルクのためのスペース		のために スペースを空ける

• time（時間）

waste **time**	have **time** to	spend **time** doing
時間を無駄にする	～する時間がある	～するのに時間を費やす

have a hard **time**	free **time** 自由時間	Take **your** time.
	 spare **time** 空き時間	
つらい状況である		ゆっくりでいいよ。

• story（話）

make a long story short	It's a long story.	a likely story
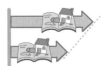 手短に話す	 話せば長くなる。	 ありそうな話 ありえない話（皮肉）
same old story	whole story 事情のすべて	make up a story
 よくある話	 another story 別問題	 作り話をする

• picture（写真・絵）

put 〜 in the picture	in the picture	out of the picture
 〜に状況を説明する	 関わって	out of the picture 無関係で
get the picture	see the whole picture 全体像を見る	One picture is worth a thousand words.
 理解する	 see the picture 理解する	 一枚の絵は一千語に匹敵する（百聞は一見にしかず）。

● way（道）

on the way
途中で

I'm on my way.
向かっている途中です。

the other way around
逆に、反対に

in the way
邪魔になって

by the way
ところで

No way.
まさか。

Way to go!
よくやった！
その調子！

わんわんメモ

大人になると思ったように新しい英単語を暗記することができませんよね。

大人になって暗記するときに大事だと思っているコツが3つあります。

① 何度も目にする

　部屋中に英単語をメモした付箋をつける、英単語帳を持ち歩くなどして、

　単純に目にする回数を増やしましょう。

② 整理・関連づけてまとめてインプット

　英単語を覚えるときは、図解を使ってまとめて覚えるのがおすすめです。

　ノートに整理して、それぞれ関連づけて覚えましょう。

③ イメージと紐づけしてインプット

　自分の中にすでに持っているイメージと新しく覚える英単語を結びつけて

　みましょう。英単語帳に落書きする、英単語をgoogleで写真検索する方法

　などがおすすめです。

英会話ミニフレーズ集

学校ではあまり習わないけれど、よく使う日常会話フレーズを集めました。何度も音読して、いざそのシーンになったときにスラスラ言えるようにしましょう。

●最頻出フレーズ

I mean it.
本気だよ。

After you.
お先にどうぞ。

Are you sure?
確かですか?

Does it work for you?
あなたの都合はいいですか?

I feel you.
わかるよ。

It depends.
場合による。

Not really.
そうでもないよ。

Does it make sense?
意味はわかりますか?

😀 noは強い否定です

😀 Do you understand? は直接的です

●便利なリアクション

Sounds good.
いいですね。

You are right.
そうだね。

I agree with you.
おっしゃるとおりですね。

I didn't know that.
知らなかったよ。

That's good to hear.
それはよかった。

Really?
本当に?

No way.
まさか。

Seriously?
マジで?

●同意のリアクション

I guess so.
そう思います。

☺ 弱い同意です

You are right.
あなたは正しいです。

Absolutely.
もちろん。

I feel the same way.
同感です。

I couldn't agree more.
全くそのとおり。

●不同意のリアクション

No way.
とんでもない。

That depends.
場合による。

That's not always true.
そうとは限らない。

I don't think so.
そうは思わない。

I'm not so sure about that.
それはどうかな。

●状況に応じた聞き直し

I am not sure I follow you.
ちゃんと理解できているかわからないです。

Are you saying that?
〜ということですか?

Could you give me an example?
例を挙げていただけませんか?

Could you tell me more about〜?
〜についてもっと教えていただけませんか?

Could you say that again more slowly, please?
もう少しゆっくり、もう一度言っていただけませんか?

●〜について話すとき

How is A?
Aはどうですか？

How was A?
Aはどうでしたか？

What is A like?
Aはどんな人（モノ）ですか？

Do you know A?
Aを知っていますか？

Did you hear about A?
Aについて聞いた？

What do you think of A?
Aについてどう思いますか？

●日常会話の質問

How was your day?
どんな一日だった？

How was your weekend?
週末はどうだった？

How is business going?
仕事はどうですか？

What are you going to do tomorrow?
明日何をするの？

Do you have any plans for the weekend?
今週末何か予定ある？

わんわんメモ

「どんな一日だった？」「週末はどうだった？」という質問は英語では定番の質問で、話を膨らませるきっかけになります。

これから英会話の勉強を始める人は、こうした定番の質問の答え方も考えておくと、聞かれたときに困りません。

また答えたあとに"How about you？（あなたはどう？）"というような聞き方もあわせて覚えておきましょう。

●自分の意見を言うとき

I guess
だと思うなぁ。

I think
だと思う。

I believe
と信じている。

I'm not sure but
確かではないんだけど。

I would say
と思うんだけどね。

 It seems to me 〜
私には〜のように思える。

In my opinion,
私の意見では、

> **わんわんメモ**
> このような英語表現を使うことで発言の確信度を変えたり
> ニュアンスをつけ加えることができます。

●シリアスな場面にも使える恋愛フレーズ

 Are you cheating?
浮気してるの?

I can explain.
説明できるよ。

I need my space.
ひとりになりたい。

I loved you.
あなたのことは愛していたよ。

 It's over.
終わったんだよ。

We broke up!
私たち別れたんだよ!

> **わんわんメモ**
> 「こんなフレーズがあるんだ。おもしろいな」と感じたら、カバーのそでに掲載
> されているQRコードを使ってぜひブログを見に来てください。200以上の英
> 会話フレーズが例文つきで紹介されています。

わん！Point lesson ⑥ ℃（摂氏）と℉（華氏）の換算

アメリカなどでは温度の単位に℉（華氏）が使われています。「だいたいどのくらいの気温なんだろう？」と思うこともありますよね。日本で使われている℃（摂氏）におおよそ変換できる計算式を紹介します。※正しく計算した温度は（）に記載しています。

℉（華氏）→℃（摂氏）

◎ 30を引いて2で割る

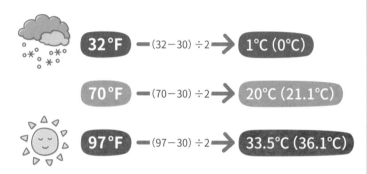

32°F ━ (32−30)÷2 ➡ 1℃（0℃）

70°F ━ (70−30)÷2 ➡ 20℃（21.1℃）

97°F ━ (97−30)÷2 ➡ 33.5℃（36.1℃）

℃（摂氏）→℉（華氏）

◎ 2を掛けて30を足す

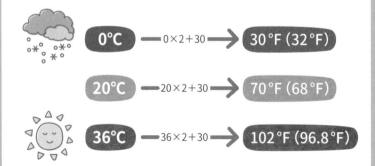

0℃ ━ 0×2+30 ➡ 30°F（32°F）

20℃ ━ 20×2+30 ➡ 70°F（68°F）

36℃ ━ 36×2+30 ➡ 102°F（96.8°F）

214

おわりに

—英語を学び、世界中の人とコミュニケーションがとれる人生—

　ぼくがはじめて海外に出たのは27歳のときです。

　実は、もともと英語も海外も好きではありませんでした。地元大阪の会社に就職をし、人生を海外に出ることなく大阪で過ごすものだと思っていました。ある日「このまま住み慣れた土地で、働き慣れた職場で一生を終えるのか？」という考えが頭をよぎりました。

「どうせなら海外で働ける人材になろう。」

　決意を固め、英語を猛勉強しました。29歳のときに、ベトナムに進出している企業の現地駐在員としての転職が決まり、約4年間のベトナムでの生活が始まりました。もちろん日本語は通じません。全く新しい環境となりましたが、英語でのやりとりを通して現地の人たちとコミュニケーションをとり、ベトナムや日本へビジネス、観光で訪れた各国の人たちとも英語で会話できるようになりました。

　ぼくの人生は文字どおり、英語のおかげで世界は広がり、景色が変わりました。人生に遅すぎるなどということはありません。

「今さら英語なんて…」と思っている人も、ぜひ英語を勉強してみてください。

わんわん

- キャラクターイラスト／なのさと
- 制作協力・例文作成／Magnolia DP（Twitter:@mao_ws）
    Carley（Twitter:@Carley43351411）
    鬼塚英介（Twitter:@Englishpandaa）
    たきねぇ

わんわんの芋づる式図解英単語

2021年5月31日	初版	第1刷発行
2023年3月31日	初版	第3刷発行

著　者	わんわん
装　幀	植竹裕
発行人	柳澤淳一
編集人	久保田賢二
発行所	株式会社ソーテック社
	〒102-0072
	東京都千代田区飯田橋4-9-5　スギタビル4F
	電話（販売部）03-3262-5320　FAX03-3262-5326
印刷所	大日本印刷株式会社